FAO中文出版计划项目丛书

U0606246

# 重新思考我们的粮食体系：多方利益相关者合作指南

联合国环境规划署
联合国粮食及农业组织　编著
联合国开发计划署
宋雨星　张　曦　孔双阳 等　译

中国农业出版社
联合国环境规划署
联合国粮食及农业组织
联合国开发计划署
2025·北京

**引用格式要求：**

环境署、粮农组织和开发署。2025。《重新思考我们的粮食体系：多方利益相关者合作指南》。中国北京，中国农业出版社。https://doi.org/10.4060/cc6325zh

ISBN 978-92-5-137919-6（粮农组织）
ISBN 978-7-109-33294-2（中国农业出版社）

©粮农组织，2025年

# FAO中文出版计划项目丛书

## ACKNOWLEDGEMENTS 致 谢

本指南是在"通过综合工具、宣传、多方利益相关者行动促进可持续粮食体系消费模式和生产模式"项目的支持下编写的。该项目由多伙伴信托基金资助，该基金旨在实现"一个地球网络"下的"可持续粮食体系计划"的第12项可持续发展目标。

"一个地球网络"是由全球从业者、政策制定者和专家学者组成的一个社群，涵盖政府、企业、民间组织、学术机构和国际组织。它旨在落实"可持续消费和生产计划十年框架"，并致力于实现第12项可持续发展目标。为实现第12项可持续发展目标设立的多伙伴信托基金汇集了"一个地球网络"内各方的努力，其中包括联合国环境规划署、联合国粮食及农业组织、联合国开发计划署、世界旅游组织、联合国人居署、联合国项目事务署。

本指南的作者是卡门·托雷斯·莱德斯马（Carmen Torres Ledezma，环境署）、埃琳娜·伊利（Elena Ilie，粮农组织）、西沃恩·凯利（Siobhan Kelly，粮农组织）、巴勃罗·加西亚·坎波斯（Pablo Garcia‐Campos，粮农组织）、科斯坦萨·里佐（Costanza Rizzo，粮农组织）、凯瑟琳·伍德（Kathleen Wood，开发署）和玛丽娜·博尔托莱蒂（Marina Bortoletti，环境署）。各机构的核心专家玛丽娜·博尔托莱蒂（环境署）、凯瑟琳·伍德（开发署）和西沃恩·凯利（粮农组织）负责协调工作。西沃恩·凯利（粮农组织）担任技术编辑。

联合国各机构的同事也提供了建议，他们是：安德鲁·博瓦尼克（Andrew Bovarnick，开发署）、安娜·拉帕佐（Anna Rappazzo，粮农组织）、卡米洛·德·卡米利斯（Camillo De Camillis，粮农组织）、圣·恩杰（Divine Njie，粮农组织）、杜布拉夫卡·博伊奇（Dubravka Bojic，粮农组织）、戈茨·施罗斯（Goetz Schroth，开发署）、约瑟·瓦尔斯·贝多（José Valls‐Bedeau，粮农组织）、克里斯托尔·克鲁普勒（Krystal Crumpler，粮农组织）、杰米·莫里森（Jamie Morrison，粮农组织）、玛丽亚·索莱达德·里斯特拉（Maria Soledad Riestra，开发署）、尼古拉斯·佩蒂（Nicolas Petit，开发署）、塞缪尔·图姆韦西耶（Samuel Tumwesigye，开发署）和谢库·达沃

V

瓦（Sheku Davowa，开发署）。

本指南在乌干达的测试工作由迈克尔·阿欣比西布韦（Michael Ahimbisi-bwe）组织，同时还要感谢粮农组织和开发署驻乌干达国家办事处的支持。还要特别感谢"可持续粮食体系计划"下的粮食体系实地考察方法磋商小组和实践社区（CoP - FSAG）的成员，他们为本指南的修改提供了建议。

为本指南的编写提供建议的国际专家有艾莉森·布莱·帕尔默（Alison Blay - Palmer，劳埃尔可持续粮食体系中心）、安吉拉·塔斯（Angèle Tasse，地方可持续发展协会）、阿努克·德·弗里斯（Anouk De Vries，全球营养改善联盟）、布伦达·神努特·纳姆古米亚（Brenda Shenute Namugumya，荷兰瓦赫宁根发展创新中心—瓦赫宁根大学及研究中心）、夏洛特·弗莱谢（Charlotte Flechet，国际非政府组织 Rikolto）、夏洛特·帕瓦戈（Charlotte Pavageau，环境保护与生态组织 Biovision）、克里斯蒂安·施尼珀（Christian Schniepper，德国非营利组织 Welthungerhilfe）、弗罗伦斯·埃加勒（Florence Egal，地区粮食体系和参与方式专家）、赫尔曼·布劳威尔（Herman Brouwer，荷兰瓦赫宁根发展创新中心—瓦赫宁根大学及研究中心）、杰斯·哈里德（Jess Halliday，国际都市农业基金会）、约翰·阿特金森（John Atkinson，非营利组织 4SD 基金会）、约瑟芬·纳卡坎德（Josephine Nakakande，乌干达生态保护和农业发展组织）、胡安·卡洛斯·拉莫斯（Juan Carlos Ramos，生态农业合作伙伴组织）、马克·兰迪（Mark Lundy，国际生物多样性联盟和国际热带农业中心）、马特乌斯·阿尔维斯·扎内拉（Matheus Alves Zanella，全球粮食未来联盟）、迈克尔·穆莱特·梭伦（Michael Mulet Solon，世界自然基金会）、帕特里克·明克（Patrick Mink，瑞士联邦农业局）、雷内·万·芬赫伊曾（René van Veenhuizen，荷兰非政府组织 Hivos）、罗伯特·阿索菲法（Roberto Azofeifa，哥斯达黎加农业和畜牧业部）、苏珊娜·达格（Susanna Daag，德国非营利组织 Welthungerhilfe）、托马斯·福斯特（Thomas Foster，联合国人居署）。

本指南的文字编辑工作由迈克尔·洛根（Michael Logan，环境署）和丽莎·马斯特尼（Michael Logan）完成。最后，本指南作者还要感谢"一个地球网络"多伙伴信托基金为本指南的编写提供资助。同时还要感谢爱尔兰政府、挪威发展合作署（NORAD）、瑞典国际发展合作署（SIDA）提供的资金支持。

| | |
|---|---|
| CNA | 法国国家食品委员会 |
| CSAM | 蒙特利尔粮食体系理事会 |
| DAFM | 爱尔兰农业、食品及海事部 |
| FAO | 联合国粮食及农业组织 |
| FC2A | 将承诺化为行动 |
| FtMA | 从农场到市场联盟 |
| M&E | 监测与评估 |
| MSC | 多方利益相关者合作 |
| PPS | 公共政策秘书处 |
| SCALA | 增强土地利用和农业的气候雄心 |
| SDG | 可持续发展目标 |
| UN | 联合国 |
| UNDP | 联合国开发计划署 |
| UNEP | 联合国环境规划署 |

# 术语定义 |DEFINITIONS

以下术语和定义是与粮食体系转型中的多方利益相关者合作有关的核心概念，由协商小组给出了明确定义，从而为本指南的编写和后续审核提供了依据。

**共创：** 多方利益相关者共同规划或发起项目、倡议或制定政策的行为。

**合作：** 与一人或多人一起创造或实现某项目标的行为。

**能力：** 运用一系列相关知识、技能和能力以成功完成特定任务的能力。

**共识：** 化解分歧以使双方满意。

**合作式竞争：** 两个或以上的竞争对手联手合作以惠及各方，例如通过合作提高对亟待解决的问题的认识。

**协调：** 有意识地引导某项活动的两个或以上的参与者以有序的方式进行合作。

**外部效应：** "经济活动或交易行为对其他相关方产生积极或消极影响，但不会导致交易的商品或服务的价格产生变化。"[①]

**粮食政策：** 影响粮食体系和食品的所有政策[②]。

**粮食体系：** "与粮食生产、加工、分销、储备、消费有关的所有要素（环境、人员、投入、过程、基础设施、机构）和相关活动及活动产生的结果，包括社会经济结果和环境结果。"[③]

**粮食体系对话：** 属于联合国粮食体系峰会的一部分，即邀请利益相关者以更加美好的未来为落脚点，进行磋商与合作。对话主要有三大形式：1）国家政府举办的成员国峰会对话；2）与关于重大讨论主题的全球活动同时进行的全球峰会对话；3）个人举办的独立峰会对话[④]。

**粮食体系转型：** 与《2030年可持续发展议程》目标有关的概念，"变革"意味着需要根据实际情况和社会共识有意识地推动粮食体系产生深刻变化，从而取得重大成果[⑤]。

**治理方式：** "公共部门和私营部门在表达利益诉求、制定并落实决策时需遵循的正式或非正式的准则、组织方式和流程。"[⑥]

**政治经济学分析：** "某个社会中政治和经济活动的相互作用：包括不同群

体和个人之间权力和财富的分配，以及建立、维系和改变这些关系的进程。"⑦

**部门**：指某一政策方面（例如经济、社会、文化、环境）；某一独立的经济领域（例如农业、教育、卫生）；或某一特定的细分部门（例如渔业、畜牧业、营养业）⑧。

**利益相关者**："用以指代在某一事件中有利害关系（比如经济利益或其他利益）的个人或群体。该表述指的是可以对相关情形和问题以及组织目标的实现造成影响，或可能受其影响的所有个人或群体。"⑨

一些人认为"利益相关者"这一术语掩盖了合作方在权利、作用、责任、利益诉求、动力、权力和合法性方面的差异……每一个利益相关者的利益并非等同，每一类利益相关者面临的挑战也不相同……此外，他们认为，为了实现获得充足食物的权利，必须对权利持有者、公民（特别是最容易受到粮食短缺和营养不良影响的公民）和义务承担者（主要是那些有义务尊重、保护和实现充足食物权的国家）进行彻底区分……因此，（一些）作者呼吁使用更具政治性的"行为者"一词⑨。

**可持续粮食体系**："确保人人享有粮食安全和营养健康，同时不损害为子孙后代提供粮食安全和营养健康的经济、社会和环境基础"的粮食体系③。

**可持续粮食体系方法**：从整体上考虑粮食体系，即考虑粮食体系不同元素之间的相互关系和取舍，以及各种行为者、相关活动、驱动因素和产生结果"的方法。它力求同时在环境、社会（包括健康）和经济三大维度取得最大的社会成果⑩。

**取舍**：某一体系（如经济发展）获得收益导致另一体系（如环境可持续性）产生损失。

**联合国 2021 年粮食体系峰会**：联合国秘书长安东尼奥·古特雷斯（António Guterres）于 2021 年主持召开的一场峰会，是 2023 年前实现可持续发展目标的"行动十年"的一部分。该峰会召集了社会各界利益相关者，以共同制定全球粮食体系转型计划④。

**|执行概要|**

## 简介

《全球可持续发展报告》指出粮食体系转型是实现可持续发展目标的关键加速器。联合国粮食体系峰会对话强调要在政策制定者、企业、民间组织和学术研究机构之间建立更具建设性的关系，以解决粮食体系面临的种种挑战，如粮食短缺、营养不良、农村贫困、生物多样性丧失和气候变化等。新冠疫情、俄乌冲突和食品通胀压力也在提醒着我们，需要通过多方利益相关者合作建立一个有韧性的粮食体系，以应对各种问题。

粮食体系面临复杂的挑战，需要我们采用一种系统的、多层次的多方利益相关者参与方式，即粮食体系方案，以解决经济、社会、环境三维度相互交织的问题。因此，多方利益相关者合作应成为粮食体系方案的基础以及向可持续粮食体系过渡的重要支撑。

在此背景下，联合国环境规划署、联合国粮食及农业组织和联合国开发计划署联合编写了这本指南，以整合从这三大机构内部和外部收集的经验和工具，从而丰富了关于多方利益相关者合作的知识储备，进而促进可持续粮食体系转型。

这是联合国聚焦粮食体系的三大机构首次共同汇编有关多方利益相关者合作的知识经验、最佳方式和工具资源。此外，本指南的编写经过了磋商讨论，这意味着指南中的方法和经验已经得到证实，因而能够广泛应用于许多场合。

本指南旨在帮助那些对多方利益相关者倡议感兴趣或已经加入该倡议的相关方启动、落实、促进或支持多方利益相关者倡议，以推动各级粮食体系实现可持续变革。

## 本指南采用的方法和结构

本指南运用的方法有：分析总结所选文献、组织各国专家就粮食体系进行磋商、在乌干达对本指南进行检验。本指南主要由五大主题构成，主题被称作"模块"。

每个模块都为使用者提供了精心挑选的工具和资源（附录 1），针对每个模块的主题提供了额外的知识。附录 2 介绍了一个模块评估工具，可以将本指南提出的建议应用于实践。

### ➡ 模块 1　促进多方利益相关者广泛参与

模块 1 强调要吸纳各级行为者，以更好地协调部门、地区、领域间的议程，进而协调行动。设定粮食体系转型议程需要各个领域的广泛参与，包括政府、生产者、民间组织、行业和科学界。

利益相关者可以归纳为几大类：公共部门、私营部门、民间组织和国际社会。初期最要紧的工作就是开展尽职调查，以确保相关的利益相关者都能参与进来。在对话过程中，会不断有利益相关者被发现并被吸纳，而在不同阶段，也会有利益相关者加入和退出。通过利益相关者绘图和分析（模块 1），可以使利益相关者的纳入更加系统化。

### ➡ 模块 2　确保充分了解粮食体系

一旦确定了一定数量的利益相关者，就需要过渡到模块 2，也就是采用系统方法找出粮食体系面临的机遇和挑战。该过程中需要为基于实证的政策制定、技术性讨论和进展讨论留出中立空间。要实现这一目标就需要借助混合数据、定性证据、土著居民和当地人的知识对粮食体系进行全面考察。对当前的粮食体系政策框架和治理机构进行评估也至关重要。

模块 2 以模块 1 中的利益相关者绘图与分析为基础。及时共享有针对性、易于理解的数据、证据和发现至关重要，因为其能为审议提供相关信息，模块 3 和模块 4 对此进行了详细讨论。

### ➡ 模块 3　促成包容有效的合作

模块 3 论述了完善的多方利益相关者合作倡议治理结构，该结构应有不同级别的不同利益相关者共同参与的妥当决策过程。

治理结构可以采取不同方式，例如粮食政策理事会、粮食联合会或委员会、粮食政策工作组、粮食联盟、粮食体系网、粮食实验室、城市粮食体系工作组等。根据权力结构、粮食体系切入点、参与机构以及参与者的资源和能力的不同，治理也可以采取不同的形式。

本模块还谈到，治理机制要基于参与者的相互尊重、对合作的信任、包容性以及利益相关者代表选民利益的能力。互惠互利、相互理解、信任与声誉、代表规则透明和下放权力都是重点强调的核心资产。良好的治理机制会增强主人翁意识、更新知识储备并促成新的伙伴关系。

➡️ **模块 4　明确指导方针和行动方案**

多方利益相关者合作对话需要清晰明确的目标，这样才能确保参与过程有序透明，才能调动一切投入和资源寻找解决方案。成功的关键是明确界定所有利益相关者的角色、资源共享、责任、风险和收益。对打造清晰的愿景、制定战略和行动方案、实施参与式监测评估、建立相互学习机制而言，制定共同认可的规范和准则至关重要。

➡️ **模块 5　确保合作可持续**

模块 5 强调，要通过制度化和获取长期资助的方式，帮助多方利益相关者合作倡议摆脱短期融资困境，避免项目主导目标，从而促进粮食体系转型。这就需要利益相关者在融资及后续行动中尽职尽责。

最后，采取系统的方法制定政策和落实行动，需要政府和非政府利益相关者等粮食体系参与者进行长期合作。这个任务并不简单，因为粮食体系决策十分复杂，往往需要处理权力不平等问题并做出妥协。每个模块之间相互依赖，因此不能仅仅讨论科学证据或其他某一类型的知识，还应考虑既定议程和代表群体的利益，以及仔细思考应在哪些方面提供准确指导。

通过发现问题并寻找最佳解决方案这一互促且灵活的过程，利益相关者——包括国家政府在内——能够提高其推动可持续粮食体系转型的能力。

©粮农组织/Giuseppe Carotenuto

| 引 言 |

受新冠疫情的影响，全球营养不良人口的比例从 2019 年的 8% 上升到 2021 年的 9.8%。2020 年，近 31 亿人无法负担健康饮食，2021 年，约 8.28 亿人面临饥饿问题[①]。俄乌冲突使得食品供应和贸易受阻，进而产生食品通胀压力，这些都有可能导致未来饥饿和营养不良比例不断上升，进而对食品权造成严重损害。

当今全球粮食体系面临的其他挑战有：

- 在生产、储存、运输、加工和分销过程中，造成了 14% 的粮食损失[⑫]，而下游的消费阶段还存在 17% 的粮食浪费[⑬]。
- 全球各地的肥胖率和超重率在不断提高[⑪]。
- 由于到 2031 年全球人口预计将增加到 86 亿人[⑭]（主要集中在发展中国家），未来十年全球粮食消费也将预计增加 1.4%[⑮]。
- 粮食体系排放的温室气体占全球排放量的 30%～34%[⑯]，其中大约有 71%[⑰] 源自农业生产和土地利用。这就意味着，在现在这种情况下，增加粮食产量会阻碍巴黎气候变化协定目标的实现[⑱]。

自然资源面临的压力不断增加，加之气候变化使得粮食生产更加不可预测，导致发展中国家面临的粮食短缺问题最为严重。与此同时，年轻人无法找到合适的工作也会加剧移民潮和社会不稳定等问题[⑲]。此外，不平等的粮食体系也会加剧这些问题。例如，欠发达国家的生产模式对小生产者存在歧视[⑳㉑]。

从就业和生计的角度来看，粮食体系是世界上最大的经济体系，它可以而且必须为应对这些挑战提供解决方案和机遇。约 10 亿人[㉒]从事粮食体系相关工作，包括生产、收获、服务、加工和分销，还有 35 亿人[㉓]靠粮食体系谋生。

《全球可持续发展报告》[⑤]认为粮食体系转型是实现 2030 年可持续发展目标的关键加速器，报告强调了高效治理在推动变革方面的重要作用。

## 联合国粮食体系峰会

在"联合国行动十年"倡议的背景下，联合国秘书长于 2021 年 9 月在纽约召开了联合国粮食体系峰会。该峰会的宗旨是"大胆采取新行动以变革全世界粮食生产方式和消费方式，推动 17 项可持续发展目标取得进展④"，寻找系统方法将粮食体系内部和外部面临的挑战和解决方案联系起来。

联合国粮食体系峰会还推出了一系列国家多方利益相关者合作倡议，将以国家对话的形式展开，旨在将粮食体系改革作为政策议程的首要事项。国家对话使得政府和全国利益相关者聚焦"生存文件"的制定，该文件即国家粮食体系转型路径。国家粮食体系转型路径旨在重点关注"资源最为匮乏、影响力最小的社会群体，因此可能是最难达成的目标㉔"。

联合国粮食体系峰会对话传达了一个清楚的信号，即需要政策制定者、企业、民间组织、研究机构和教育机构建立更具建设性的关系、更加紧密的联系，以解决粮食体系面临的种种挑战，如粮食短缺、营养不良、农村贫困、生物多样性丧失和气候变化。新冠疫情、俄乌冲突和食品通胀压力在时刻提醒着我们，必须通过多方利益相关者"合作思维"来建立一个有韧性的粮食体系，从而能够应对 2030 年之后乃至更长时间内出现的问题。

联合国粮食体系峰会特别强调要使利益相关者的参与多样化和深入化。该峰会将粮食体系治理定义为社会各界对共同事务进行协商、落实和评估的过程，这就意味着决策过程需要在民间组织和私营部门等各个层面进行审议。该峰会还强调要促进跨部委的协调、推动多层次的有效治理。

联合国粮食体系峰会为推动全球粮食体系转型以实现可持续发展目标提供了平台。该峰会促使人们越来越意识到，孤立制定的政策无法实现 2030 年及以后的可持续发展议程目标。如果全球不能加快粮食体系转型，那么我们的粮食体系可能还会面临更多的严峻挑战。变革粮食体系绝非易事，因为这需要摆脱长久以来的做法。

## 多方利益相关者合作

最后，粮食体系面临复杂的挑战，其规模之大、类型之多需要我们在经济、社会和环境方面采取系统的、多层次的多方利益相关者参与方式。因此，多方利益相关者合作应该成为粮食体系方案的基础，并在促进向可持续粮食体系过渡方面发挥作用。

多方利益相关者合作倡议的定义是，"来自两个及以上的社会部门（公共部门、私营部门或民间组织）的利益相关者整合资源、共同承担风险和责任以便解决共同问题、化解冲突、树立共同愿景、实现共同目标、管理共同资源、保障或实现集体利益和共同利益的合作安排⑥"。

这并不意味着多方利益相关者合作倡议就十分容易或一定能成功，但它的确提供了一种解决复杂挑战的方案，即让利益相关者参与其中，这样才能获得一丝成功的机会。

©粮农组织/Rustam Shagaev

乌兹别克斯坦纳曼干州 Yangikurgan Rayon 地区。在粮农组织"乌兹别克斯坦波德绍塔河盆地缺水地区"项目的支持下，该地区农民运用现代滴灌技术料理苹果园。

# 关于本指南 ABOUT THIS GUIDE

本指南由环境署、粮农组织和开发署联合编写。环境署、粮农组织和开发署共同汇总了从这三大机构内外收集到的经验和工具，从而丰富了关于如何加快粮食体系转型的文献和知识储备。

这是联合国聚焦粮食体系的三大机构首次合作汇编、整理有关多方利益相关者合作的经验、最佳方式和工具资源。此外，本指南的编写经历了一个磋商讨论的过程，这就意味着指南中的方法和经验已经得到证实，因而能够广泛应用于许多场合。

本指南可供想要了解粮食体系转型并推动更加高效的多方利益相关者合作的人参考。本指南适用于所有类型的组织（公共组织、私人组织、民间组织），旨在组织和召集多方利益相关者合作倡议，包括致力于促进可持续粮食体系转型的政府和重要非政府参与者。

尽管本指南强调要保障边缘群体和弱势群体的代表性，但可以根据情况适当调整形式（多方利益相关者平台、公共—私营部门合作等）。本指南还可以根据机构设置情况进行调整，如采用跨机构形式或机构内部形式。最后，本指南旨在为全国和国际多方利益相关者倡议提供支持，以推进联合国粮食体系峰会后续任务和国家路径的落实。

## 方法论

本指南采用的方法是分析总结所选文献和组织磋商讨论。文献综述评估了有关多方利益相关者治理的重要出版物，但主要以粮食政策为主。除了可以为每个子主题专门挑选的有针对性的可以参考的工具，这种文献综述法还能让一些原则和良好实践能够相互参照、不断完善，从而提供更有效的指导。本指南还囊括了联合国 2021 年粮食体系峰会下的国际论坛最近提出的建议。

为证实本指南的发现，举办了专门的磋商讨论，一共分为三轮，商议人员由享有盛名的国际、区域和各国专家组成，在指南致谢部分有提及。该团体提供了一些专业指导、学术投入和参考意见，这些酌情被纳入了本指南。

在乌干达举办的磋商包括针对提升土地利用和农业的气候雄心项目，该项目聚焦本指南的有效性，会对相关反馈意见进行审核，然后纳入本指南的相应部分。

## 结构

五大模块构成了本指南的核心部分，如图0-1所示：

■ 模块1为利益相关者的识别、选择和纳入提供了指导，重点是促进多方利益相关者广泛参与。

■ 模块2指导读者对粮食体系进行分析，以确保对粮食体系的运作方式有深入的了解。

■ 模块3介绍了多方利益相关者合作治理方式的类型，重点是促进广泛和高效合作。

■ 模块4讨论了多方利益相关者合作如何转化为切实的行动，以发挥指南和路线图的作用。

■ 模块5介绍了多方利益相关者合作倡议的制度设计和融资方式，旨在确保合作的可持续性。

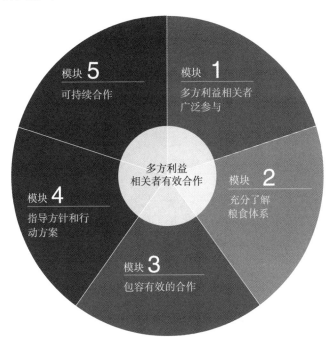

图0-1 本指南包含的五大模块

这五大模块并非多方利益相关者合作中固定的顺序步骤，而是可以按需调整。不过，该指南采用的线性顺序步骤，对开展多方利益相关者合作倡议有指导意义。最后，作者总结了研究过程中的主要发现。

作为对正文的补充，附录 1 重点介绍了一系列工具，就特定主题，更深入地对策划者和参与者进行指导。介绍每个"模块"时，本指南会提供附录中所提及的工具的直接来源。这些工具可根据以下情况在多方利益相关者合作倡议实施中使用：

■ 多方利益合作倡议参与者的偏好和需求；

■ 可用资源（时间和预算）：例如，与快速评估相比，全面的粮食体系评估可能更耗时、更昂贵；

■ 策划者的技能、能力和偏好：如果有一个团队或组织支持创建或完善多方利益相关者合作倡议，那么其中的一种工具可能优于另一种。

附录 2 涵括了一份调查问卷，依据各"模块"定制而成，可作为监测工具，与上述建议一同使用。

每一个多方利益相关者合作倡议都是独特的，可能是正在进行的进程的一部分。因此，正文中概述的经验教训和建议以及附录 1 中列出的工具都只是一个行动指南，而非确切的指导手册。因此，可根据多方利益相关者合作倡议的具体需求灵活使用。

CONTENTS **目　录**

# 模块1
## 促进多方利益相关者广泛参与

粮食体系的复杂性要求一系列部门共同参与协调，提供解决方案。让非政府利益相关者参与决策，以促进跨部门调节，提高协调效率。

规划和设计多方利益相关者倡议的一个关键环节是去了解哪些利益相关方需要参与，以及他们在粮食体系中的作用和贡献。明确利益相关者的任务及其参与合作的目标和动机⑥。任何合作倡议的合法性都源于多样化的代表（多样化的代表指在某个领域或组织中，代表不同背景、文化、种族、性别、性取向等多元群体的人员或形象），包括典型边缘化群体㉑㉒。多方利益相关者倡议意味着每个利益相关者都要贡献自身的资源、经验、知识和专业技术㉓。

参与该倡议的利益相关者需要出示能代表其支持者的授权、法律权益和能力。

模块3为如何加强能力建设提供了指导。

支持多方利益相关者倡议的粮食体系利益相关者分类如下：

■ 公共部门，包括国家和国家以下各级机构；
■ 私营部门，包括中小型农业食品企业协会、大型农企、信息公司和金融服务提供商；
■ 民间组织，包括社区、基层、土著民族群体、非政府组织、消费者以及公民协会等；
■ 代表大中小型生产者（农民、牧民、农业生产者、食品加工者）的组织；
■ 其他粮食体系工作者，包括非正式组织成员；
■ 国际社会，包括发展伙伴和捐助者；
■ 学术界和知识机构，包括由其他利益体资助并响应其他利益体研究兴趣的机构；
■ 媒体。

# 1.1 让不同的粮食体系利益相关者参与进来

## 公共部门：谁应参与进来？

根据范围和职能的不同，多方利益相关者合作倡议既可以在政府内部运行，也可以作为非营利性基层组织，独立地开展工作，或者作为由政府和社区组织共同管理的混合组织。公共部门代表者的参与是合法性、政治（和财政）支持的基础。由该倡议衍生出的政策相关问题应得到解决和批准。

根据多方利益相关者合作倡议的目标和需要，考虑选择国家和国家级以下机构的不同部门以及规划当局的代表。还需要充分了解权力关系、决策过程和公共行为者的能力，注意避免代表参与过度。

多方利益相关者合作倡议可以加强跨部门协商，提高政策一致性，需要农业、畜牧业和渔业、卫生、能源、林业、环境、社会发展、经济和财政等一系列部委的参与。例如，插文1-1介绍了西伯利亚一个政府间的协调机制。

> **➜ 插文 1-1　塞尔维亚和摩尔多瓦新出现的多方利益相关者合作倡议发展进程中的经验教训[29]**
>
> 塞尔维亚和摩尔多瓦最近开始在制定和实施创新政策方面采取多方利益合作理念，农业和粮食领域也是如此。政府频繁更迭和公共部门改革等因素阻碍了由利益相关者倡议指导的项目。不过，由于以下因素，该倡议的发展进程在塞尔维亚受到了广泛关注。
>
> 首先，这与公共政策秘书处（PPS）的存在有关，它是政府间的协调机制。PPS有许多作用，包括分析政策文件以确保政策的一致性和协调性，以及为政府机构的政策提案设计提供方法和支持。该部门积极协调各部委，使协商计划与其他国家政策保持一致，确保没有重叠部分。公共政策秘书处还会提供帮助使利益相关者的发展进程与世界银行在该国的支持领域保持一致，从而确保了财政资源的协同作用。
>
> 另一大重要因素就是国家高级官员的鼎力支持。为推动这一进程，在总理内阁的监督下，塞尔维亚成立了一个由所有相关部委代表组成的部际工作组。这足以证明了这一发展进程的重要性，并激励各部委进行协调。摩尔多瓦缺乏这种高层次的支持，在该国，该计划由一个部委负责，尽管邀请了许多相关部委提供投入，但投入仍显不足。

该机制实施政策审查以确保一致性，为政府机构提供政策设计的方法并进行分析，积极协调各部委的工作。

还需要统计其他公共知识/数据生产实体的参与，以便为粮食体系审核提供数据支持（模块4）。可搭建更新、管理、共享和分析数据机制，以支持各部门和各部委的决策。

高层当局（如总理内阁或市长办公室）的认可和支持也被认为是该倡议取得成功的关键因素。插文1-1表明，在塞尔维亚，由所有相关部委代表组成并由总理内阁监督的部际工作组，确认了此进程的重要性，并激励各部委进行协调。在摩尔多瓦，仅一个部委负责该倡议的进展，高层当局并未过多参与。

最后，倡议中还可以包括与食品有关的公共技术单位，如食品安全机构、兽医服务、营销委员会和农业推广部门。这些机构往往更接近农业企业或生产

3

者等当地利益相关者，机构的专家们更了解发展该倡议所面临的挑战与所需的专业知识。

表1-1总结了应纳入致力于粮食体系转型的多方利益相关者合作倡议中的公共部门参与者的不同类型。

表1-1 致力于粮食体系转型的多方利益相关者合作倡议中的公共部门参与者的分类

| 国家机构不同部门的代表 | 通常是来自处理食品相关问题的部委的技术代表：农业、畜牧业和渔业部、林业部、卫生部、能源部、环境部、社会发展部、贸易、经济和财政等 |
|---|---|
| 国家级以下各级机构不同部门的代表 | 市长办公室、地方发展机构等的代表 |
| 高级别政治代表 | 通常包括一名高级政治家和国家级以下一级的市长（或其代表） |
| 跨部委协调机构 | 例如，食品和营养部际委员会、部际协调平台等 |
| 统计和其他公共知识/数据生产实体 | 通常至少涉及国家统计署 |
| 与食品有关的技术单位 | 例如，食品安全机构、兽医服务和农业推广部 |

附录1中的模块1提供了一份公共部门参与工具和资源清单。

## 私营部门：使整个粮食体系的参与者更多样化

除了生产者（农民、牧民、渔民、林区居民）在粮食安全方面发挥的作用外，粮食体系还得到了一系列其他私营部门参与者的支持，如加工商、贸易商和零售商，以及粮食供应链之外的企业，如银行和金融机构。这些企业为农民提供农业投入和服务，并确保整个粮食体系中粮食和农产品的运输、加工和零售正常进行。这些企业规模和结构多样化——从中微型公司到大型跨国公司，它们在一系列非正规、半正规或正规的企业结构下运营。农粮企业还为粮食体系内外带来多种益处，为女性和青年创造就业机会，为当地社区提供负担得起的营养食品，将小农户与市场联系起来，投资农村基础设施[30]~[34]。

面对竞争激烈的国际市场，以及受"促进传统耕作方式"和"不可持续商业模式"政策和投资的影响，农业粮食企业努力提高成本效益，这可能导致包括社会和环境成本在内的负成本的外部化[35]。这些趋势的结果，像气候变化和与饮食健康有关的疾病所证明的那样，需要私营部门、各国政府、捐助者和非政府组织之间的建设性参与，以促进负责任的、可持续的和具有包容性的商业的发展[36]。

表1-2介绍了私营部门在参与可持续管理倡议过程中面临的一些共同的或相互关联的挑战，以及应对这些挑战的可能方法。

**表 1 - 2 让私营部门参与倡议的难点及可能的应对方法[30]~[39]**

| 难点 | 参与途径 |
| --- | --- |
| 能力差距。私营部门的多样性意味着它们进行多边合作的能力各不相同。他们的能力取决于其内部资源（如技能、资金）和外部条件（如正式政策、权力结构、文化或关系）<br><br>虽然大公司很容易在协商中发声，但微型、小型和中型农业企业（尤其在发展中国家）可能缺乏代表性。该行业的正规程度较低，某种限度上也是由于其代表机构的缺失或薄弱造成的 | 通过营造有利的商业环境，提升微型、小型和中型农业企业以及非正规企业参与多边贸易体制的能力<br><br>政府和发展界可推动企业采取集体行动以汇集它们的利益（例如通过企业协会），并更好地提出它们的意见。模块 3 提供了更多关于参与多边贸易体制能力建设的见解 |
| 缺乏激励措施。大部分公司，特别是非正规、微型和小型公司没有足够的动力和时间参与多边贸易，特别是在下行的商业环境中，因为它们需要不断地解决问题 | 为企业的参与提供商业理由。协商的重点在与企业相关的实际问题上，强调参与可以提高商业可行性<br><br>支持加强集体协会的制度建议，使其能够反映微型和非正规公司的关切和诉求 |
| 利益冲突或目标不一致。公司应从合作中获益，这本身并不构成利益冲突，但冲突确实时有发生。例如，通过参与多方利益相关者合作倡议，企业可能会获取到带来不公平商业优势的信息。企业还可能会卷入与可持续发展目标相冲突的行动<br><br>此外，企业快速行动和承担风险的方法可能会与公共机构和到位缓慢的官僚要求相冲突 | 采用建议原则来管理利益冲突[®]，包括记录利益冲突风险，就可能的利益冲突与合作伙伴进行沟通，确保内部决策的透明度<br><br>对参与者进行尽职评估。这也可以帮助参与者确定在进入合作之前需要解决的交易障碍和问题<br><br>从政治经济分析（模块 1）中获得的洞察力可以发现任何潜在的利益冲突。另请参见关于管理利益冲突的模块分析（模块 3） |
| 缺乏信任。私营部门与其他行动组织之间相互不信任，且存在误解。政府和民间组织可能会怀疑私营部门的动机。同时私营部门可能不信任政府，特别是在商业环境下行、官僚主义盛行和政治干预的情况下<br><br>私营部门本身往往也不信任政府，这可能来源于竞争者之间难以合作的固有观念 | 吸引具有权威的知名人士召集行动组织。用商会或其他地方机构等联络点作为接触和吸引企业的途径。合法、中立的中间人的参与，也有助于增进行动者的信心（插文 3 - 2）<br><br>寻求"合作式竞争"机会，这是食品企业成功的根本所在<br><br>通过分享成功案例和实地考察，提高对协作好处的认识。展示合作初始阶段的具体成果<br><br>对关系伙伴的监督和评估有助于使利益相关者相互负责<br><br>倡导和支持协商协作的过程，本身就具有重要价值，使公司和参与者能够发展他们彼此之间的关系 |

附录 1 中的模块 1 提供了一份私营部门参与工具和资源清单。

## 生产者及其协会：不同的类型、能力和组织水平

生产者是一个特殊的群体，在法律地位、生产要素、商品制度、土地面积

和生计取向方面多样性十足。小规模生产者和家庭农场主是多方利益相关者倡议中特别重要的群体，因为按价值评估，他们生产的粮食约占世界粮食总量的80％，而小于两公顷的农场生产的粮食约占世界粮食总量的35％[40]。发展中国家农业劳动力中女性平均比例为43％[41]。然而，一些生产者，特别是小型生产者和女性生产者，在决策过程中往往处于不利地位[42]。

生产者参与多方利益相关者合作倡议时将面临的挑战可能包括：参与权未得到法律承认、缺乏促进参与的规范机制、缺乏政治意愿，以及获取信息和财政支持的途径有限[42]。为了鼓励生产者长期有效参与多方利益相关者合作倡议，需要加强对小型生产者，尤其是女性和青年的能力培养。

模块3提供了更多关于参与多方利益相关者合作倡议所需要的能力建设（附录1中的模块3提到的相关工具和资源）。

©粮农组织/ Karina Levina

社区营养教育课。粮农组织生产性社会契约/现金＋试点项目的受益者在学习如何改善传统菜肴，以丰富菜肴种类并满足居民的营养需求。

## 将非正式组织纳入多方利益相关者合作倡议

在许多发展中国家，粮食体系是最大的雇主[22]。然而，由于大多数参与者都是微型、小型和中型企业[43]，包括地方食品亭、街头小贩、面包店、家庭自营餐馆、食品制造商或加工商,所以他们难以参与到多方利益相关者合作倡议之中。非正规食品行业中的员工常常也以女性为主[44]。虽然她们的参与增加了地方性,但由于其非正规性,以及在倡议中缺乏有组织的代表和发言权,她们在体系中的影响力以及性别赋权受到了限制[45]。

插文 1-2 是赞比亚卢萨卡的一个实例,说明如何让包括妇女在内的微型和非正式组织参与进来,与市议会一起成功地为议程制定和行动提供信息并参与其中,以便在城市中为各收入群体提供可持续和健康的粮食体系。该范例还介绍了粮食体系分布图的应用情况,它可以作为一项重要工具,用于识别代表人数不足的组织,并将他们或其倡导者纳入多方利益相关者合作倡议中(附录1 中的模块 2 部分所提到的相关工具和资源)。

> **插文 1-2  非正规部门有意义地参与赞比亚卢萨卡多方利益相关者食品变革实验室的工作[46]~[51]**
>
> 在赞比亚首都卢萨卡,来自各个收入阶层的城市居民每天都会从非正规食品市场购买新鲜食品和初级加工食品。然而,这些市场往往缺乏规范的基础设施、储存设施和自来水。非正规商贩多为女性。
>
> 多方利益相关者食品变革实验室的建成是 2020 年卢萨卡食品政策委员会成立的原因之一,此前对卢萨卡的粮食体系(包括正式和非正式利益相关者)进行了详细的绘图调查。卢萨卡粮食政策委员会的成立,是为了打破通常由专家驱动的政策和干预模式,致力于以民众为中心,特别是低收入人群和非正规市场参与者可参与其中。
>
> 参与多方利益相关者合作倡议的代表们提出了确保为低收入消费者提供健康安全食品的想法。此外,在卢萨卡市议会和营养理事会的支持下,还为非正规商贩开展了培训,提高他们对所售食品营养价值的认识,并举办了旨在改善食品生产和增加消费多样性的活动。这一举措增加了低收入消费者,特别是女性和青年对可持续健康食品的需求。

## 民间组织:从社区和基层到国际非政府组织

民间组织包括非政府成员组织和社会运动等非政府组织的利益相关者。民间组织的性质各不相同,其中包含慈善机构和基金会、社区和基层组织、消费者协会、妇女组织和土著民族团体、工会和环保组织。民间组织有助于对重要问题展开探讨,包括健康饮食、性别包容、体面就业和环境问题[52]等,为全面评估作出贡献。

然而,不能认为所有非政府组织都有同样的参与度,需要努力将边缘化群体的直接代表囊括进来③。民间组织在参与过程中也有可能向资源更充足、能力更强的非政府组织靠拢。此外，一些非政府组织可能缺乏对其所代表群体的明确授权④。消费者也是一个重要的参与者。消费者是粮食体系中的重要角色，但他们在协商中的参与度可能微乎其微。让消费者组织参与到多方利益相关者合作倡议，有助于增强其公民意识，让他们意识到粮食体系面临的机遇和挑战，了解他们在塑造可持续粮食体系中发挥的作用。

©粮农组织/SFC

社区冲突解决机制——加奈姆社区居民聚在一起共同对抗营养不良问题。

消费者组织代表了广泛的各类居民，因此可以呼吁政府和私营部门减少农业食品链中危险和剥削的行为。消费者组织还能推动健康饮食，并为多方利益相关者论坛提供有价值的消费者洞察报告和市场情况，与此同时，还能通过消费者活动，教育和引导他们养成可持续的消费习惯[55]。

插文1-3提供了法国的一个案例，法国国家食品委员会建立了一个由消费者组织和公民委员会组成的全国磋商机构，以辩论的形式来促进社区层面的对话和交流。

利益相关者绘图（附录1中的模块1的工具资源）能帮助多方利益相关者合作倡议刻画不同民间组织的特点，从而确保粮食体系中各类群体有相应的代表性。

## ➡ 插文 1-3　法国食品委员会公民磋商机制⁵⁰⁵⁷

法国国家食品委员会将法国粮食体系的主要代表聚在一起为公共机构和社会大众提出解决主要粮食问题的建议。

2021 年 7 月，法国国家食品委员会成员决定通过公民参与的模式来应对粮食安全问题。建立了一个名为"公民参与小组"的工作组来制定磋商程序。该工作组提出了一个由两大工具组成的参与机制：

■ "自证"辩论——由社区等合作伙伴组织——目标是处理公民的发现、分析和提议。法国国家食品委员会还为想要开展自证辩论的居民建立了"辩论工具包"机制。

■ 一个由面临粮食短缺问题的人组成的公民小组。

两大工具的首要关注点都是："如何才能让每一个人都能获得充足的高质量食品？"

## 国际和区域组织，发展伙伴和捐赠机构

国际和区域研究机构通常在设定议程、指导组织设计以及提供资金、技术援助、合法性和其他资源等方面扮演着重要角色⁴⁵。

发展中国家粮食体系多方利益相关者合作倡议的推动资金通常由大型国际捐赠机构、联合国机构和国际非政府组织提供。这意味着资金可能受制于时间和项目。因此，一旦项目资助停滞，或合作没能完全制度化，多方利益相关者合作倡议就可能会解体（模块 5）⁴⁵。

### 学术型和知识型组织——包括土著居民的知识

国家农业和粮食研究所⁵⁸在分析数据和案例为对话和决策提供信息方面发挥了重要作用。与研究项目有关的多方利益相关者合作倡议也能由国际研究机构建立和推动，例如全球农业研究伙伴关系（国际热带农业研究所、国际粮食政策研究所、生物多样性联盟和国际热带农业中心等）。这些机构和国际国内的大学也有紧密合作⁴⁵。研究机构和学术机构是继续学习、拓展知识、检测、评估和创造研究成果的重要伙伴。

研究所在创新方面以及对多方利益相关者合作行动（计划）进行检测评估方面也能发挥重要作用。若研究所能和农业企业、土著居民等当地利益相关者合作，民间组织能带来许多好处，例如有助于确保研究成果的商业化，有助于促进应对区域挑战解决方案的制定⁵⁹。

## 媒体

包括社交媒体在内的大众媒体和私人媒体可以通过影响和促进社会思维的转变来打造可持续粮食体系的案例。媒体可以研究当地粮食体系、农产品市场、粮食政策、粮食惯例和文化等相关问题的报道。这些报道能够揭示可持续粮食体系面临的重大问题，并增强人们对这些问题的解决意识[60]。

# 1.2 确保广泛包容的多方利益相关者代表性

### 从初始阶段评估和平衡代表人员

多方利益相关者合作倡议的治理结构、利益相关者的选择和接纳有助于确保观点的多元化，以及平衡参与者之间的权力关系。例如，为了确保充分的代表性，西班牙的国家食品和营养安全委员会（Conselho Nacional de Segurança Alimentar e Nutricional）将 2013—2016 年任期内的 40 个席位中的 30 多个分配给社会运动组织、非政府组织和小型生产者协会[61]。

能否实现充分的包容性和广泛的代表性也会受到利益相关者参与的时间和顺序的影响。例如，德国柏林（Ernährungsrat Berlin）粮食政策委员会虽然经过多年运作，多次尝试让边缘群体参与进来，但包容性和代表性依旧情况堪忧。参与该项目的人认为，在倡议之初就需要建立一个更加多元化的团体；而事实上，在项目之初，主要参与的是学术团体，这导致倡议虽不断发展，却难以吸纳其他类型的参与者。这是各国粮食政策委员会面临的公认的挑战，也是不同地区合作中面临的共同挑战[62]。多方利益相关者合作倡议应该是一个不断发展和调整的过程，不断地询问"合作中有谁缺失"的过程，也是根据发展需求不断吸纳新成员的过程。

附录 1 中的模块 1 提供了一份代表名额不足群体参与多方利益相关者合作倡议的工具和资源清单。

### 不同规模和层次的参与

通过与市政府和其他利益相关者等关系网开展合作，许多全国性多方利益相关者倡议在地区和城市层面也有运作。国家为当地的政策制定提供了有利的环境，为地区的议程设定提供了框架。同样，大多数城市多方利益相关者合作倡议，例如食品委员会，其地域范围都超出了城市本身的管辖边界，并包括了一个城市—区域或次区域中心[63]。

插文 1-4 介绍了蒙特利尔粮食体系理事会（CSAM）以该城市—区域为

基地，利用国际和地区多方利益相关者合作来帮助制定和规划该市的粮食政策和项目。这些关系网包括国际层面的城市粮食网（有韧性的城市—区域粮食体系）和国家层面的英国可持续粮食地区网。这些网络能帮助粮食政策委员会共享知识和经验进而取得进步，并打造一个能够参与全国和国际辩论和政治进程的食品运动组织[63]。

> **➡ 插文 1－4 蒙特利尔粮食体系理事会的多层网络[50][64]**
>
> 应市民呼吁建立粮食磋商机构的要求，蒙特利尔粮食体系理事会于2018年成立。该理事会的重点任务包括降低当地农产品的市场准入门槛、减少农业生产对环境的影响、解决粮食短缺问题、提高农产品的营养价值、致力于打造结构性项目和推动跨部门合作。
>
> 蒙特利尔粮食体系理事会以城市-区域为行动范围，主要吸纳当地组织作为成员。但是，多方利益相关者合作倡议主张采用的系统方法也承认了与各级组织和关系网的合作十分重要，主要有：国际层面（米兰城市粮食政策公约），全国层面（蒙特利尔粮食体系理事会让可持续粮食网络这一全国协会参与了其2020—2022年行动方案的讨论），区域层面（魁北克农业、渔业和食品部）和城市-区域层面（蒙特利尔粮食体系理事会和东蒙特利尔粮食网以及其他当地组织和网络进行协调）。

## 对粮食体系利益相关者进行绘图和分析

对利益相关者进行初步的绘图和分类，确定其参与的动机，是多方利益相关者合作倡议初期的必做事项。利益相关者的确定和吸纳应该贯穿整个合作过程（模块 2）。

绘图还可以包括对政治经济学维度的分析，从而衡量权力动态以及参与者对维持或改变现状的兴趣。此分析还能帮助识别可能面临的阻力，或者帮助确定多方利益相关者合作倡议总共获得的支持[65]。

例如，在赞比亚卢萨卡城市—区域粮食体系的第一阶段，一项旨在加强该市粮食安全和改善营养状况的行动计划就包括了利益相关者绘图分析。利用网络图工具（附录 1 中的模块 1）厘清粮食体系中涉及哪些行为主体，知道他们代表的群体是谁、影响力有多大、相互之间的关系如何以及机构的目标是什么。来自各行各业的超过 35 个利益相关者受邀参与，初期的活动着眼于建立参与者之间的良好关系，增进其对卢萨卡粮食体系复杂性的理解。图 1－1 展示了卢萨卡粮食体系利益相关者及其关系。

附录 1 中的模块 1 提供了一份对利益相关者进行绘图和分析的工具和资

源清单。

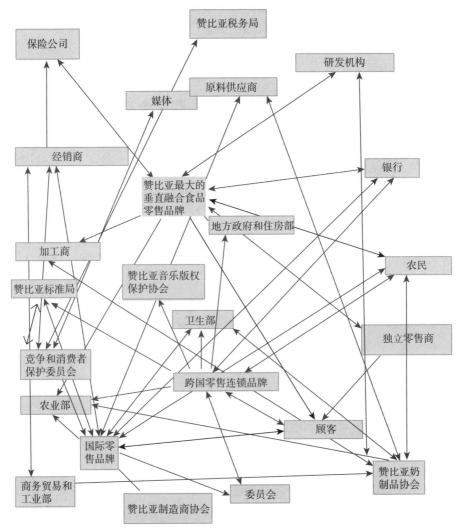

图 1-1　利用网图法绘制的卢萨卡粮食体系利益相关者及其相互关系⑯

©粮农组织/Jorge Rodríguez

# 模块2

## 确保充分了解粮食体系

采用系统的多方利益相关者对话方式，辅以有根据的分析和数据，是制定更加科学的粮食体系政策的关键[57]。缺乏证据支撑决策是行动无法贯彻到底的主要原因[67]。运用系统方法能让学术和科学知识与其他类型的知识相互补充，例如土著居民的传统知识以及地方和区域的智慧（商贩和消费者的亲身经历等）。

研究表明，完善的粮食体系政策和多方利益相关者合作倡议往往会对粮食体系的参与者进行全面分析[56]，这是接下来参与倡议和开展讨论的前提。

有许多工具能帮助对粮食体系参与者进行全面的诊断分析（附录 1 中的模块 2）。这些类型的评估既耗时又昂贵，因为它们可能涉及收集原始数据。它们也可以从整个粮食体系中收集二手数据，通过和相关方建立联系以便利用现有的数据[53]。

©粮农组织/Samuel Aranda

2016 年 3 月 4 日，土耳其伊斯坦布尔——土耳其厨师迪代姆·谢诺尔（Didem Senol）和团队在伊斯坦布尔餐厅的厨房里工作。

## 2.1 粮食体系评估特征

对粮食体系开展全面评估旨在确定该粮食体系的主要特点、该体系中潜在行为后果的取舍因素、不同体系间的关系（尤其是环境、社会经济和健康）以及影响粮食体系的主要政策。这些评估也可以采用1.2节提到的利益相关者绘图方式。插文2-1介绍了粮食体系转型合作框架中建议在粮食体系评估中考虑的内容。

> **➲ 插文 2-1　粮食体系转型合作框架提出的粮食体系转型分析内容⑩**
>
> 开展粮食体系评估应该考虑的内容包括：
> - 粮食和粮食体系及其影响分析（包括对环境、社会、健康和经济产生的影响）。该分析应着重突出粮食体系中各个元素之间的相互关系。该合作框架确定了全国和地区粮食体系评估的12大重点元素中需要衡量的关键元素，并对更深入分析粮食体系的其他方法给出了建议。
> - 政策倡议（及其一致性）分析。审查当前的政策和监管制度，包括补贴制度，对于确定实现更加可持续的粮食体系的有利因素和不利因素至关重要。该合作框架为政策审查提供了指导性建议。
> - 粮食体系内部现存机构分析。目的是确定与粮食体系治理有关的机构并分析他们之间的关系。该分析还包括对他们的角色、授权、权力以及相关行动、政策和规则的评估。与此同时，还需考虑已有的制度和治理安排，包括在目标领域是否存在（或曾经存在）其他类似的多方利益相关者倡议。这样就可以避免重复工作，使得多方利益相关者合作倡议能够从之前的工作中受益。
> - 重点领域和政策制定建议。评估应包括合作对话的建议，这是对话的前提。
>
> 粮食体系方案有助于评估政策选择的利弊，因为各种推动因素和结果都会经过全面评估。整个政策规划过程的目标应该是减少社会、经济、环境三方面进行取舍的次数，优先考虑为社会提出三赢的最佳解决方案。取舍必须在粮食体系参与者中进行协商⑬。

取舍分析也需要包括在评估内容里。取舍指的是为达成一个目标必然要牺牲另一个目标。例如，农业产量提高可能会以环境破坏为代价⑮。特定的公共补贴也可能导致环境受损⑯。选择合适的政策和行动能够将取舍降到最低，甚至能够一同实现多个目标⑰。因为取舍可能会影响到收益和成本的分配进而产生赢家和输家，因此粮食体系的任何干预措施都可能遭到特定群体的反对。双赢的解决方案少之又少，因此要想更有效地处理取舍问题需要一定的战略思维⑮。插文2-2展示了在肯尼亚开展的对本土蔬菜领域的取舍分析。

15

许多方法都能帮助评估可持续目标间的相互减损和促进，这些方法包括模拟法、最大化法、多重标准分析法、空间法、集成法和利益相关者分析法⑦。传统的成本—收益分析将所有成果概括为净收益，模糊了利益相关者之间的取舍和成果分配⑫。真实成本计算法对取舍分析来说更加合适，因为该方法承认对外部产生的负面影响，包括经济、健康、环境和社会影响⑬。

> **➔ 插文2-2  肯尼亚使用粮食体系方案进行取舍分析⑮**
>
> 研究者进行了一项取舍分析，以了解肯尼亚纳库鲁县加大对本地蔬菜支持的政策转变如何影响当地的粮食体系。研究者为该分析选取了七大可持续指标：经济指标（农业国内生产总值和贫困人数），社会指标（营养不足、营养不良和平等状况），环境指标（气候适应性和土质）。
>
> 该团队发现种子支持在所有可持续指标上都能实现最佳效果；例如，更优良的本地蔬菜籽能实现农作物的多元化。相反，政府对玉米的长期支持（常见的商业场景）对大多数可持续指标都是不利的。例如，增加对玉米的支持会减少其他作物可以获得的资金和资源（如土地）。
>
> 该研究在利益相关者分析后还增加了政治经济学分析，以制定最适合每个群体的参与战略。包括确定利益相关者对这些目标的感兴趣程度和影响力。例如，研究者发现，实力强大的参与者（如大型玉米生产商）在维持当前地位方面面临巨大压力，不过若农业部、卫生部和教育部能相互合作则能解决这一问题。
>
> 由于一些取舍只存在于行动落实阶段，因而研究者强调有必要进行长期检测。

## 2.2　选择粮食体系评估的正确方法

许多工具和方法均可用于评估粮食体系。主要差异在于：
- 定量与定性间的平衡
- 细节程度
- 覆盖范围
- 利益相关者在绘图和分析中的参与程度

对粮食体系的全面评估需要耗费大量资源。粮食体系决策支持工具箱⑭为如何选择粮食体系分析设计方案提供了指导。方案选择需基于具体需求、时机和可用的资源。

例如，城市区域粮食体系工具箱⑮聚焦几大步骤，包括：初步浏览二手数据、利益相关者访谈和焦点小组，以便确定优先事项以及通过收集一手数据找到进一步研究的差距。接着还要收集额外的数据进行研究，或许还涉及对二手数据的重新阐释。其次还要开发完善的数字显示器来共享评估的结果，为多方利益相关者规划行动做准备。

©粮农组织/Nozim Kalandarov

    2016 年 8 月 16 日，塔吉克斯坦西萨尔——粮农组织提高了该国政府土地改革的能力，促进了塔吉克斯坦农业农村的发展。

    插文 2-3 介绍了玻利维亚（多民族国家）粮食体系分析绘图，该绘图能帮助确定：关键食品价值链；主要利益相关者及其在体系中的作用；资金流、信息流和知识流的分布和流动；以及促进粮食体系可持续发展的关键自然资源。该国实施的参与方案也加强了各项倡议之间的协调[76]。

> ⟳ **插文 2-3  玻利维亚（多民族国家）粮食体系参与者绘图[76][77]**
>
>     作为在肯尼亚和玻利维亚（多民族国家）开展的一项广泛研究项目的一部分，在位于亚马逊盆地和安第斯山脉交界处的玻利维亚开展了测试，以检验参与式粮食体系绘图方法。在选定区域，还选出了一个由有机生产者和消费者组成的网络，其名为"热带、亚热带和查科农业生态平台"。
>
>     受当地粮食网络绘图工具的启发，玻利维亚开创了粮食体系绘图参与

方法，以便与当地学生、研究人员和利益相关者开展合作。该绘图方法分为四大阶段：1）准备研究领域的绘图；2）实地考察利益相关者和粮食体系活动开展的重要场所；3）设立工作坊让利益相关者能直观地代表所处的粮食体系；4）准备利益相关者权力/兴趣矩阵。

附录1中的模块2提供了一份对粮食体系进行绘图和分析的工具和资源清单。

©粮农组织/Luis Tato

# 模块3
## 促成包容有效的合作

　　多方利益相关者合作倡议不仅需要召集各种各样的粮食体系利益相关者，收集数据和证据为对话协商提供信息，还需要谨慎地管理和协调，以确保粮食体系转型能产生实质性成果。"如何"合作需要遵循四大关键要素，本模块会对它们进行详细阐释。

　　1. 建立健全治理结构

　　2. 促进协调沟通

　　3. 应对权力不平等

　　4. 解决矛盾纠纷

©粮农组织/Giuseppe Carotenuto

　　2017年2月23日，意大利罗马工作坊：联合国联合项目（粮农组织、国际农业发展基金会、世界粮食计划署、联合国妇女署）的七大协调国在粮农组织总部（伊拉克厅）帮助加快农村女性的经济赋权。

## 3.1　建立治理结构

　　多方利益相关者合作倡议的治理结构指的是指导决策和协调倡议行动的一系列机构程序、规则和结构。多方利益相关者合作倡议通常由一个或几个希望提高对某一问题认识的人或组织发起，然后再吸引其他利益相关者加入[20]。然而，随着多方利益相关者合作倡议的发展，需要专门的机构来推动进程、协调各方利益相关者。

　　插文3-1介绍了可以采用的治理结构，例如指导委员会、工作组、骨干组织、平台机构等，各种结构都可以根据需要开展的活动和多方利益相关者合作倡议的进展进行适当调整⑦。

附录 1 中的模块 1 提供了一份开启进程的工具和资源清单。

> **插文 3-1　多方利益相关者合作倡议可能采用的治理结构**
>
> 多方利益相关者合作倡议的治理结构可能包括：
> - 指导委员会，一般由利益相关者群体的代表组成㉘（模块 1）选择个人成员时应仔细考虑他们是否合适，评估其代表的更广泛的利益相关者群体对他们的接受度㉛。为了确保政治高层的支持——成功的一大要素，可以考虑让部长等政府高层代表参与。
> - 工作组或任务团队，这类团体规模更小，旨在处理一些具体的内容或细节，如编写对话协商后形成的战略文件，或开展特定的研究，如进行监测评估等。
> - 支持机构，旨在为筹集资金、组织会议、开发网络、协调参与者和行动提供切实的帮助。该支持机构可以从属于一个中立组织，也可以是一个独立的机构实体，如秘书处、骨干组织或平台。每一种提供核心支持的组织都各有利弊。

多方利益相关者合作倡议还需要考虑如何建立更广泛的联系。例如，多方利益相关者合作倡议可以作为联系已有倡议的媒介，或者与其他倡议相融合㉜。这对于避免重复工作、利用倡议合力而言至关重要。无论选择何种治理结构，都需要经过所有利益相关者的同意，以确保倡议㉝合法、透明、包容、负责。

在设计多方利益相关者合作倡议的治理结构时可以参考以下因素：

### 管理偏见

在选择谁可以参与倡议时需要考虑是否受到了无意识偏见的影响㉝。无意识的偏见与多方利益相关者合作倡议的多元化和包容性承诺背道而驰。克服这一挑战的关键是去发现这些偏见并努力将其摒弃㉞。个人可以站在弱势群体的立场上，设想他们可能面临哪些挑战。避免仓促作决定和下判断也能减少偏见㉟。

### 确保包容性参与

建议为女性和弱势群体（代表不足群体）设立成员指标㉟。不过，女性和其他弱势群体不应被视为同类群体。不仅需要考虑利益相关者群体之间的差异，还要考虑群体内部的差异，从而全面解决人们参与多方利益相关者合作倡议的所有障碍。这意味着要确保决策过程和参与制度不能受到任何人或组织的过度影响。

21

增强包容性的另一种方法是将多方利益相关者合作倡议的结构分级，将决策归入子工作组、工作组或子委员会，正如插文3-1所述。这样会提供更多的领导职位和参与名额。建立单独的机构也能鼓励女性等弱势群体尽情分享他们的观点和看法[35]。

## 管理决策过程

多方利益相关者合作倡议内部决策的常见方式有协商谈判法、法定人数法和多数投票法[36][37]，参与者或许更青睐投票决策，但这种方式需要经过全面谨慎的考量，因为多数投票法可能"将多数人的意志强加给少数人，这会剥夺少数利益相关者的权利，使他们心怀不满、无法发声[38]"。接下来的几段就如何开展决策提供了指导，表3-1分别列举了共识型决策和管理型决策两种方式，以解决不同规模、不同类型利益相关者面临的不同挑战。

表3-1　共识型决策和管理型决策如何帮助解决利益相关者的数量大和多样化带来的挑战[39]

| 决策方法 | 利益相关者的数量 | 利益相关者的多样化程度 |
|---|---|---|
| 协调单位<br>（如骨干组织）<br>管理型决策 | 如何提高观察参与者及其互动的能力<br>划分工作量和分配职责<br>联系利益相关者<br>召开会议<br>推动初次会面 | 如何培养主人翁意识<br>规划项目愿景<br>展示多方利益相关者合作倡议<br>展示成果 |
| 共识型决策 | 如何解决参与者之间缺乏协调的问题<br>激励主要参与者作出承诺<br>建立小型团队<br>监测进展 | 如何增强合法性<br>讨论利益相关者之间的差异并增强意识<br>提供灵活的工作方式<br>促进自下而上的合作<br>协调关系 |

## 达成共识

达成共识通常都是多方利益相关者合作倡议的一大目标，因为它能减少冲突、培育服从意识和主人翁意识、促进合作、建立信任和推动相互学习[40]。然而，以达成共识为目标，意味着多方利益相关者合作倡议不得不牺牲多样化的观点和知识。因为达成共识会迫使实力较弱的参与者服从实力较强的参与者[41][42]。因此需要树立这样的意识，即化解分歧、应对矛盾是非常有价值的，同时也是个创造性的过程，顺利的话能促成更好的结果，更有可能成功[43]。

底线原则是多方利益相关者合作倡议不仅要关注达成共识的地方，还应关注各种观点和利益都能得到考量的地方⑳。通过开展辩论、阐明分歧，或许可以改变参与者对其他观点的态度，"增加事件可能回旋的余地㉛"。

### 管理行动

更多行政或日常决定可以由协调单位作出，也就是所谓的骨干单位㉟，它们是为管理多方利益相关者合作倡议而专门建立和资助的单位。利益相关者数量较大、类型较多时需要一个专门的单位进行管理㉛。在此情况下，协调单位需要确保决策过程不会失去利益相关者多样化的属性；自主决策需明确定义，界限界定需得到所有利益相关者认同㉛。如有疑问，协调单位应将决策提交给整个工作组或相关的子工作组㉛。

附录1中的模块1提供了一份建立完善的治理结构的工具和资源清单。

附录1中的模块3提供了一份促进合作领导和管理的工具和资源清单。

## 3.2 加强促进交流与沟通

促进团队活动或工作进展的计划、指导和管理，以确保实现目标，这便是多方利益相关者合作倡议的一大重要贡献㉜。有效的促进被认为是联合国开发计划署绿色商品项目的合作行动指南㉗成功的关键因素。

促进者需要身兼数职：召集者、激励者、沟通者、专家，最重要的是推动以对话和辩论的形式寻找创新解决方案的催化剂㊳。但一个人可能无法充当所有这些角色。例如，在多方利益相关者合作过程中，发展创新中心会组建促进团队，该团队通常包括不同文化背景和职业背景的男性和女性㊳。在组建团队时，性别、文化和职业都是应该考虑的㊷。

促进活动还十分依赖环境和文化因素。在利益相关者之间缺乏信任的情况下，就可能需要一个专业公正、参与者信任的调停人。而在权力分配不均、参与动力缺乏的情况下，一个被当地人熟知、接受并信赖的有人格魅力的领导者显得更为重要㊳。

插文3-2介绍了中间人推动多方利益相关者合作倡议进程启动的例子。

> **➡ 插文3-2 中间人推动多方利益相关者合作倡议㊹**
>
> 启动合作需要专业技能和熟悉情况；可能会依赖高层人士的人格魅力和能力素养。如果没有第三方的支持，一些参与者可能无法推进合作进程。例如，赞比亚当地社区向提供饮用水的河流里倾倒垃圾的做法影响了当地的啤酒厂。啤酒厂无法发起合作保护水源行动，直到德国国际合作机构作为中间人介入，才促进了企业和当地社区的合作。

在解决权力不平等问题以确保代表性合理、合作有效方面，以及管理利益分歧以达成协议方面，促进者也发挥着重要的作用⑥。插文3-3介绍了专业促进者应该具备的理想品质和技能。由于单个促进者可能无法具备方框中列举的所有能力，因此就需要建立一个促进团队或雇佣专家顾问来填补促进技能的空缺。

> ### ◆ 插文3-3 专业促进者应具备的品质和技能
>
> 理想的专业促进者应具备以下品质和技能：
>
> ■ 维持关系的能力，如耐心、共情力、诚实和顺从⑤⑦。
> ■ 吸引参与者并鼓励其运用系统思维和战略远见⑫的能力，以确保讨论能涵盖体系变革和工作复杂性相关的内容。这就需要促进者和利益相关者拥有审视全局和人际关系的能力⑦。
> ■ 通晓粮食体系至少一个方面的主题知识，例如：土著居民和传统知识；农业生态学；自然资源管理；粮食安全和营养；农业经济。
> ■ 解决边缘群体参与不足问题的文化和性别敏感性⑧。
> ■ 关于预防或解决冲突和权力斗争的方法、知识；这些方法包括圆桌讨论、联合倡议、斡旋、培训、教育和共同事实调查⑧。
> ■ 熟练运用各种工具来增进参与者的共识、培育共同语言、明确相关问题的定义⑧。
> ■ 战略沟通能力，例如，战略规划、运营规划、监测与评估设计、数据收集与分析、意义建构和结果汇报⑫。

掌管组织事务（如规划会议）的促进者需要为所有利益相关者发挥作用创造空间，比如考虑参与者的后勤需求和会议风格与形式⑦。会议的形式可能会无意间导致偏见⑤。因此需要广泛考虑各种会议形式和沟通风格以增强倡议的包容性并促进合作。

信息可以通过正式展示或促进组讨论的形式进行共享和讨论。参与者可以通过线上或线下的方式参与。信息类型、科技数据共享范围和传输方式等也需要考虑。信息和讨论过程可能还需要用全国性语言或当地语言进行翻译⑦。

代表利益相关者群体的参与者还需确保其充分表达了所代表群体的呼声⑧。这就需要创造机会让所代表群体参与进来，例如增强意识或开展培训⑧。

附录1中的模块3提供了一份确保能促进成功的工具和资源清单。

### 沟通风格和工具是利益相关者参与的手段

沟通是所有多方利益相关者合作倡议的核心支柱，具体而言就是开展各种活动来促进参与、增进理解和共识、增强主人翁意识、建立重要合作和坚实的伙伴关系[52]。沟通可以分很多层面，比如个人层面的沟通，而个人沟通的质量取决于人们在对话中倾听和参与的程度；集体层面的沟通，即利益相关者达成促进变革的一致意见[53]。阻碍沟通的挑战有：观点分歧、先入为主、不愿倾听、缺乏信任、没有良好的环境进行经验分享和协商讨论[36][54]。

©粮农组织/Victor Sokolowicz

　　2021 年 11 月 24，意大利阿尔比尼娅（托斯卡纳区）—拉萨尔瓦有机农场的工人正在准备蔬菜罐头。

### 沟通战略中需考虑的因素

　　为多方利益相关者合作倡议制定沟通战略能促进其实现目标，沟通战略包括擘画共同愿景、剖析发现意义、促进相互学习、确保有责必究。一个考虑周全的沟通战略还需确保弱势群体的参与，因为他们可能在获取技术方面面临困难。例如，在农村地区，比起线下会议，无线电广播或 WhatsApp 等社交平台可能更加高效[55]。

　　另一大考虑因素则是信息的内容，因为并非每个人都懂技术性或学术性语言。信息共享应确保让所有利益相关者都能获取信息。确保包容性沟通或许需要和当地的教育和沟通专家合作[56]。有效沟通还能增强责任意识，插文 3 - 4 介绍了一些沟通工具[37]。

**▶ 插文 3-4  增强责任意识的沟通工具[63]**

■ 组织活动、工作坊、研讨会、大型会议等以告知公众其具体活动。
■ 新闻发布活动：可以通过发布短篇文章、报道和新闻来增强公众意识，告知公众倡议的工作内容。
■ 社交网站：可以通过社交媒体、博客、虚拟网站等来共享有关倡议的愿景、目标和报告方面的信息。
■ 多方利益相关者合作倡议成员的关系网：让各类粮食体系参与者建立良好关系是多方利益相关者合作倡议的一大目标。
  参与者本身可以建立合作关系，从而促进整个粮食体系的沟通交流。
■ 设计一个"视觉识别工具[64]"或标识也能促进沟通。标识是一个图像，可以用来传达多方利益相关者合作倡议的愿景，并推动倡议工作发展。

附录 1 中的模块 3 提供了一份促进有效沟通的工具和资源清单。

## 3.3  应对权力不平等

资源不同、影响力不同的利益相关者之间开展合作必然导致权力不平等问题，而合作行动只会加剧而非减轻这一问题。例如，比起缺乏信心加入讨论的边缘人士，政府、大型非政府组织或学术界拥有更多的时间和资源，因此能够更好地表达自身的观点和利益诉求[65]。这就可能导致实力更强的参与者不断巩固他们的利益。一种主流观点也加剧了这种权力不平等现象，这种观点认为，科学知识优于其他类型的知识，例如传统知识或土著居民知识[66]。

此外，在达成共识的过程中，多方利益相关者合作掩盖了利益相关者在权力、资源和脆弱性和风险应对能力方面的差异[67]。因此，考虑不同的观点和利益诉求十分重要。除了要承认这些偏见，在多方利益相关者合作倡议层面内和层面外，还可以采取许多方法为实力较弱和代表不足的参与者赋权。

### 提高利益相关者积极参与的能力

如果一些利益相关者没能力参与或没能力定期参与倡议，决策过程就会被权力更大的参与者主导。这样可能有损一些利益相关者的热情，进而威胁到长期目标的实现[69]。参与倡议所需的能力包括软技能和硬技能（模块 3 能力构建），这些技能的培养也依赖于各种因素[70]，例如文化环境、正式和非正式政策、资源[72]。一些利益相关者群体——例如女性、土著居民、小农、青年——可能缺乏积极参与倡议的能力，因此需要投入专门的资源来确保所有利益相关者都能参与⑤。

利益相关者受邀参加倡议也会基于其专业领域知识，例如粮食体系、渔业、食品安全、生物多样性等方面的知识，或有关当地和土著居民的知识。多方利益相关者合作倡议还需要公共部门人士参与，因为他们熟知制定相关政策所需要的能力和过程⑫。

还可以采取短期或长期行动来弥补利益相关者的能力缺陷，具体情况如下：

**行动 1：确保打造一个有利于参与的良好环境**

除了要建立一个良好的制度框架，肯定弱势群体的参与及其需求，政府的政治意志对于边缘群体积极参与多方利益相关者合作倡议也至关重要⑯。针对小型生产者的支持性政策结构可以包括：

经济和技术支持、集体行动促进和技能培养。如果外部环境不利于包容性参与，多方利益相关者合作倡议需要努力呼吁制定相关政策，为参与者赋权创造必要条件，例如承认代表性不足的利益相关者的参与者地位，并在规章制度中确定下来。

**行动 2：评估权力不平等问题**

为了从战略上解决权力不平等问题，需要评估成员的权力等级、权力来源和权力使用方式⑰。例如，从某种程度上来说，政府的权力来自制定公共决策的权威性；私营部门的权力来自其经济实力、市场份额和消费者人数；非营利组织的权力则来自其和民间组织的关系⑱。利益相关者评估还可以为模块 1 讨论的利益相关者绘图提供信息，从而确保边缘群体有能力积极广泛地参与讨论。

**行动 3：推动集体行动**

当利益相关者没有能力自发组织起来在合作进程中代表自己的利益时，处理权力差异尤为困难⑲。例如，偏远地区的小农发现组建合作社十分困难，而小型农企也缺乏组建行业协会以整合利益的动力。在此情况下，有利的政策就是要提供激励措施以促进开展集体行动。

**行动 4：培育多方利益相关者合作倡议参与能力和技能**

多方利益相关者合作倡议的支持组织也可以举办学习活动以填补知识空缺，例如培养系统思维、提高成员自信。促进学习的方式还包括将各个专业知识领域的人士汇集在一起，这样一来，参与者能获得不同学科的知识；例如，讨论组可以由"政策制定者"和"实地考察者"⑳共同组成。

参与多方利益相关者合作倡议本身也是成员通过持续监测、评估、培训或其他活动学习经验的过程。通过建立"参与反馈回路"㉑，成员能够提升参与技能，增强积极参与讨论的信心。

附录 1 中的模块 3 提供了一份处理权力差异及培育多方利益相关者合作倡

议参与能力和技能的工具和资源清单。

## 3.4 应对矛盾

在多方利益相关者合作倡议框架内，冲突几乎是无法避免的，因为利益相关者的性格、利益诉求、权力、价值观和观点各不相同⑪。缺乏信任是多方利益相关者合作倡议面临的普遍挑战⑱。冲突本身也是建立多方利益相关者合作倡议的一大原因⑲。在这种情况下，像当地非政府组织或发展组织这样的中间方就可以召集相关方解决冲突。可以营造一种"紧迫感"，这样可以通过向利益相关者施加压力来解决冲突或共同面临的问题⑭~⑯。

尽管在多方利益相关者合作倡议内阐明观点分歧并相互讨论至关重要，但冲突也许会阻碍讨论进展和倡议目标的实现，因此需要以建设性的方式解决冲突，比如为辩论和潜在分歧提供安全空间㉝⑭。插文3-5概述了管理冲突的技巧和工具。

> **◯ 插文3-5 管理冲突的技巧和工具**
>
> **树立集体认同感**
> 树立集体认同感、构建共同愿景能让合作方跨越分歧（模块4）。
>
> **协同解决冲突**
> 该方法十分有效，指的是一方主动作出小的妥协以示诚意，并邀请另一方作出回应。该方法可以建立互信，并为利益相关者进入问题解决状态提供路径。
>
> **调解**
> 调解需要中立的第三方帮助相关方将冲突转化为合作行动，方法有：1) 有效沟通，2) 减少阻碍，3) 有序讨论，4) 坚信自身观点的同时支持其他参与者的观点和关切，5) 协同解决冲突㉒。调解者可以先和各方进行一对一交流，接着将各方聚在一起传递达成协议所需要的条件㉑。

附录1中的模块3提供了一份应对利益分歧和冲突的工具和资源清单。

附录1中的模块3提供了一份帮助多方利益相关者合作倡议克服常见挑战的工具和资源清单。

# 模块4
# 明确指导方针和行动方案

一以贯之的共同决策需要以共同的愿景和战略为基础。从大局出发，不同的利益相关者群体往往会有共同的深层价值观和利益。为未来设立愿景是项有益的举措，通过设立愿景可以明确共同目标、激发启发性的合作，而这二者是决定一项多方利益相关者合作倡议能否成功的基本因素。

一旦确立了愿景，就需要一份战略规划来描绘如何完成多方利益相关者合作倡议设定的目标。将愿景化为行动需要经过一个学、做互促的过程，即利益相关者要在实践中学习，随着对哪些举措有效、哪些无效的认知逐步加深，需要对实践进行相应的调整。

利益相关者应该参与过程中的每一步，包括构建愿景、制定战略、规划和落实行动，以及实施监测、评估和学习。

本节会考察具体步骤，以帮助利益相关者认同共同愿景，并以明确战略为支撑，制定出切实可行的行动计划。

©粮农组织/Camilo Pareja

2018 年 10 月 26 日，厄瓜多尔瓜亚基尔。多方合作伙伴发起"海岸渔业倡议（CFI）"，旨在促进以在厄瓜多尔构建充满活力的海岸社区为目标的可持续渔业管理实践。

## 4.1 构建共同愿景和战略的重要性

促使利益相关者就合作结果形成共同愿景，是多方利益相关者合作倡议的重要一环。理想状态是各方在早期通过对话的形式构建愿景[18]。构建倡议愿景有助于参与者保持一致，推进共同事业，为规划建立良好的基础[19]。

如果愿景能协调截然不同且相互冲突的利益、考量并管理取舍妥协，那么各方会更加愿意遵从，并最终产生以下优势：

■ 更具韧性，能够应对政府方面的变化。

■ 提高政策一致性，避免各部门分别制定相互冲突的战略和计划。

■ 便于私营部门和民间组织更顺畅地与公共部门进行沟通，探讨不同领域的问题，因为它们本质上都反映了同样的共同愿望。

通常情况下，愿景会得到声明的支撑，而声明会描述多方利益相关者合作倡议未来 5～10 年的期望和抱负。虽然制定愿景文件对于详细描绘愿景而言至关重要，但简短清晰的声明可以激发人们的兴趣，促成共识。

有几种构建愿景的"最佳方式"[20]。例如，多方利益相关者合作倡议中的各方都必须参与构建愿景，且发挥实际作用。当参与方太多时，可以由一个小组或领导机构启动愿景的设定，而后创造机会，让其他各方提出意见[21]。拥护者也至关重要。拥护者是一个人或一群人，他们大力支持倡议的目标，由于他们可以信任且决心坚定，因此可以激发人们对某个想法的兴趣，达成广泛的共识。

表 4-1 中列举了几个例子，展示了可以推动不同利益相关者构建共同愿景的战略方法。

表 4-1　推动利益相关者构建共同愿景的战略[22]

| 明确共同目标<br>促进构建　集体认同 | 确定共同利益、明确合作目标<br>就集体工作的形式和范围达成一致 |
| --- | --- |
| 培养战略<br>利益相关者和部门之间的关系 | 确定现有联盟并与之联络<br>与解决同样问题的机构接触 |
| 促进正式化协议和合作方式 | 制定长期协议和明确目标<br>建立充分代表利益相关者的正式机构<br>建立有助于利益相关者之间互动的公民外联委员会 |
| 让政府和研究界都参与进来 | 组建学科间工作小组和跨学科工作小组<br>在学术界和社区之间建立合作，开展参与式研究<br>接触研究人员，在密切联系和承诺的基础上达成协议 |
| 促进少数群体和弱势群体参与 | 创建一种通用表述方式（避免使用不易理解的技术术语和学术术语）<br>制定性别平等的项目指导方针<br>为不同的弱势群体制定活动和项目 |

## 明确变革理论，将愿景转化为战略

战略以愿景为基础，战略是长期的行动计划，规划了如何实现、通过哪些手段实现多方利益相关者合作倡议愿景。变革理论（插文 4 - 1）是处理复杂事项、制定战略的实用方案。例如，变革理论明确阐述了粮食体系的不同部分应如何响应倡议的行动和产出。粮食体系分析（模块 2）会影响变革理论；对于变化如何发生，利益相关者有其观点和假设，这也会影响变革理论⑫。

### ➡ 插文 4-1　何为变革理论？⑫

对于想要影响的某个体系或子体系（例如，价值链或区域），变革理论会明确其范围、转型目标以及实现目标的途径。对于不熟悉组织规划的参与者来说，变革理论可能显得很专业、难以理解。在这种情况下，多方利益相关者合作倡议可以运用故事，以叙事的方式进行解释，说明变革为何会发生、会如何发生。

随着时间的推移，程序、行动得以推进，利益相关者对情况的了解会更加充分，这时便需要修改变革理论。插文 4 - 2 探讨了东非农民市场联盟如何运用变革理论，对其有效性进行分析。分析结果揭示了该联盟在帮助农民借贷、增加销售额、获取农业投入和培训方面发挥了哪些关键作用。结果还表明，对于改进变革理论，保证农民和买家之间的合同能够得到遵守，还存在一些挑战。

通过定期重新审查、调整变革理论及其假设，多方利益相关者合作平台更充分地了解了其试图影响的系统，更充分地了解了如何影响变革⑬。关于调整变革理论、战略和行动的必要性，在涵盖监测、评估和学习的模块 4 中有详细说明。

### ➡ 插文 4-2　从农场到市场联盟提出的变革理论⑬⑭

从农场到市场联盟（FtMA）是一项合作项目，涉及 6 个专注农业的组织，这 6 个组织正尝试通过连接公私部门、赋权农民来实现可持续发展的粮食体系。联盟已促使 100 多个私营合作伙伴加入，且已覆盖了肯尼亚、卢旺达、坦桑尼亚和赞比亚的逾 20 万名农民。

2017 年，从农场到市场联盟与发展研究所合作，比照其变革理论，对自身有效性进行了分析，分析重点关注了坦桑尼亚。这次行动使从农场到市场联盟有机会更好地协调其评估框架和战略，突出了联盟的关键成功因素。分析结果展现了从农场到市场联盟在帮助农民借贷、通过可预测市场增加销售额以及获取农业投入和培训方面发挥的关键作用。

分析还揭示了对于改进变革理论，联盟面临的挑战和所作的思考。例如，变革理论假设农民和公司会履行合同，但有证据表明，一些农民没有意识到合同的益处，导致对合同的履行程度达不到预期。

粮食体系分析为制定变革理论提供了基础，而变革理论又可以为愿景、战略以至行动计划提供基础⑫。而后的任何规划文件都以愿景为指导，且应明确提及愿景并与战略保持一致。插文 4 - 3 提供了一个例子，说明了伦敦粮食委员会对制定《伦敦粮食战略》的贡献。在最初起草时，伦敦粮食委员会收到了大约 150 个组织和数千名市民的意见，这为最终 2018 年 12 月公布的《伦敦粮食战略》提供了参考。

ⓒ粮农组织/Giuseppe Carotenuto

2019 年 10 月 17 日，意大利罗马。粮食安全委员会第四十六届关于数据和信息系统会议的会外活动，赋能家庭农民，推进实现"联合国家庭农业十年"的目标，并指导落实更优政策。

### ➡ 插文 4 - 3　伦敦粮食委员会对《伦敦粮食战略》的贡献⑬

伦敦粮食委员会由大伦敦当局成立，是一个本地多方利益相关者合作倡议。粮食委员会由伦敦粮食体系中众多组织和部门的代表组成。其行动包括推进当地粮食战略的制定和实施，为伦敦市长和大伦敦当局提供建议，应对事关伦敦人民利益的粮食问题。

33

伦敦粮食委员会与大伦敦当局合作，起草了《伦敦粮食战略》。在 2018 年夏天，伦敦粮食委员会公布了《伦敦粮食战略》草案，并公开征集意见，共收到了来自约 150 个组织和数千名市民的反馈。在充分参考了这些意见之后，《伦敦粮食战略》最终于 2018 年 12 月公布。

战略的最终版本是按不同主题（家中粮食与粮食安全、购物和外出就餐、社区和公共机构的作用、生育和育儿、城市农业和环境）进行组织的。每个部分都会提供关于多方面的信息，包括市长要如何支持并实现变革，哪些行动要由外部合作伙伴开展，以及市民能如何为变革贡献力量。

附录 1 中的模块 4 提供了一份用以构建共同愿景的工具和资源清单。
附录 1 中的模块 4 提供了一份用以制定战略的工具和资源清单。

## 4.2　将战略规划转化为行动

在多方利益相关者合作倡议完成意见征求、分析和战略制定后，倡议的成员及其组织和合作伙伴便需要开始宣传。宣传活动要确保更多利益相关者以及政府官员和私营部门的决策者接收到倡议发出的信息和建议，以供他们采纳。

而在利益相关者采纳之后，便需要依照战略制订一份行动规划。一份综合性的行动计划包括以下各项内容[⑩]：

■ 明确的目标（有量化手段，可反映给定时间内的预期成果）、目标群体和受益者。理想的做法是设定具体、可衡量、可接受、现实且有时限（SMART）的目标。

■ 一套可以实现上述目标的手段和工具，比如法律工具、经济工具、交流工具和教育工具。
Dubbeling 和 De Zeeuw[⑪]列举了都市农业工具的几个例子。

■ 明确的机构框架，包括参与方、合作机制，以及明确机构运作、实施和监测的资金来源。

插文 4-4 列出了一份多方利益相关者系统路线的行动步骤，该行动规划所属的项目涉及哥伦比亚、秘鲁和厄瓜多尔。通过该项目，开发署为三国政府和企业提供支持，以减少重要林区中农产品生产造成的森林消退现象。

如果计划中的行动对任何社会目标产生负面影响，就需要重新思考或重新设计干预措施，或采取补救措施[⑩][⑬]。在项目早期进行小规模试点行动，如此便可留出余地，以便在行动中学习，为规划长期行动提供经验。

## ➲ 插文 4-4　将承诺化为行动⑩

　　将承诺化为行动（FC2A）是开发署的一项旗舰倡议，多方利益相关者合作倡议在哥伦比亚、秘鲁和厄瓜多尔试点，以支持三国政府和企业加快减少重要林区中因生产农产品造成的森林消退。该项目的核心在于共同为每个国家制定行动计划，要突出强调现有政策和投入，以及未来需要开展的行动。该行动计划旨在实现三国政府和企业作出的承诺，减少因生产农产品造成的森林消退。

　　将承诺化为行动分析是多方利益相关者研究得出的成果，耗时一年，它提出要开展一系列变革性的行动，以弥补长期阻碍进展的缺口。

　　下列建议旨在协同推进承诺落实，是促成成功的关键因素，涵盖从统筹规划到具体行动的方方面面：

　　（1）更具大局思维——在团结各个利益相关者以确保高效工作时尤其要如此。不仅要团结常见的利益相关者，还要团结更多政府部门，以确保各方都重视森林区域的可持续利用和保护，并应用旨在解决森林消退问题的框架和指导方针。

　　（2）将地理因素纳入考虑——在国家、地区和地方政府各个层面开展规划和合作，诸如土地使用规划，并保证协同推进合作。确保已建立用于土地勘测、划分和监测的体系，并做适应性调整以便地方当局和社区使用。

　　（3）制裁砍伐森林和不当更改土地用途的做法，对其加以处罚、施以有效震慑。加强国家政策和本地政策的效力，法院和相关机构要处置违法者，尽到相应的责任。

　　（4）开发替代性农业规划模型，对森林资源的可持续管理利用和奶制品、牛肉及可可等商品的生产进行统一规划。若私营部门能坚持良好的采购方式和定价机制，支持不会造成森林消退的供应链，则将助益上述行动。

　　（5）认识到森林等自然资产是推动可持续经济增长的潜在动力。

　　行动计划一旦为政府所采用，便可能会成为官方文件。若受相关部门和机构要求或预算限制，可以开展优先行动。对于多方利益相关者倡议结果和粮食体系方案，开展优先行动有助于提高政府内部整体的接受度。为此，需要共享资源，包括人力资源和财政资源。不同部门共同规划预算，共同分担责任，有助于联合各部门，也会促进不同部门共享规划（模块5）。

　　插文4-5介绍了一项名为玻利维亚城市粮食安全委员会的多方利益相关者倡议，该倡议引领多民族玻利维亚国出台了第一批城市粮食政策。迄今为止，委员会已经把许多政策提案确立为城市法律，把许多规划文件纳入了拉巴斯省发展战略和国家城市政策当中。

> **● 插文 4-5 多民族玻利维亚国城市粮食安全委员会，将战略规划化为行动**⑩

多民族玻利维亚国，多方利益相关者工作组被称为城市粮食安全委员会，在地方组织 Fundación Alternativas 的领导和国际组织的支持下，一直在带头制定该国首个城市食品政策。委员会团结了各方行为者，包括来自民间组织、学术界、生产者协会、贸易者、粮食企业和政府的代表。各方合作处理种种问题，比如粮食体系中的不平等现象和混乱问题（包括与反复发生的社会政治冲突和新冠疫情有关的问题），以及当地粮食体系的城市化。

委员会每月举行会议；而在组织上，委员会分为不同的主题工作小组，包括粮食教育小组、性别平等小组、合理消费小组、城乡融合小组和大都市化小组。将委员会划分为不同主题有助于开展利益相关者分析，设计参与式合作系统，吸引数量更多、类型更多样的参与者，以及让各级政府参与，以便一次能解决粮食体系面临的多个挑战。这样能共同确保所有的粮食体系提案都是多维度的。

自 2013 年以来，委员会已经起草了十多份粮食政策提案，这些提案已提交至各个地方、各州或中央政府，以供审批，其中许多已成为城市法律或被纳入了官方规划文件，如拉巴斯省发展战略和国家城市政策。这些提案表达了粮食体系中各方的声音，所有提案都得到了全体参会者的一致认同。

多民族玻利维亚国粮食安全委员会运用了一系列利益相关者参与工具和权力分析工具，例如利益相关者识别工具、利益相关者分析重要性与影响矩阵等。这些工具帮助委员会识别并接触潜在的成员、粮食体系转型拥护者和关键行为者，上述各方在外联和宣传工作启动后收到上报的政策提案。同时，委员会通过立法分析，确保工作小组的主题契合国家级和国家以下各级法律框架，同时还要在设计过程中确保提案以实现各目标群体、各级政府的政策目标为出发点。这些战略一方面保证了这些提案切合实际，另一方面也是这些提案能获得批准的关键因素。

附录 1 中的模块 4 提供了一份战略规划化为行动的工具和资源清单。

## 4.3 参与式监测、评价和学习

一旦行动计划开始落实，便需要一套监测与评估（M&E）系统来持续监测倡议成效、评估了解程度，以明确是否需要对战略进行调整。此外，还需要在行动计划中为监测与评估程序分配和投入资源（时间、资金和人力资源）⑩。若监测与评估面临技术方面的困难，则需要发展伙伴帮助提升参与者能力，或雇佣专家以提供专业知识⑪。将监测与评估内化进倡议中也十分关键，如此监测与评估才不会被视为单独的汇报工作。

©粮农组织/Stefanie Glinski

　　2018 年 5 月 29 日，南苏丹托里特。粮农组织农牧田间学校（APFS）项目提供了一个灵活、响应迅速的平台，为南苏丹各年龄段农民和畜牧者增长知识和培养技能。

　　监测与评估有两个关键作用，即保证透明度和落实问责。汇报运作状况和成效，是对资助伙伴、员工和利益相关者负责，进而对目标客户或目标受益人负责⑫。

　　开展监测与评估之初，可首先对多方利益相关者合作倡议本身进行评估，以了解能让合作有效运作的要素⑬。那么需要注意：

■ 关注利益相关者之间的沟通。

■ 核实承诺落实的进度。

■ 分析参与倡议的组织发生的变化及组织的参与程度。

■ 探索促进相互问责的机制。

■ 促进了解、重新设计或调整倡议伙伴关系以更好地与最新的目标保持一致⑩⑫。

　　可持续发展目标（SDGs）也提供了一份全面的指标清单，以评估影响粮食体系转型的结果。以此清单为基础，可以构建多方利益相关者合作倡议。

插文 4-6 提供了一系列对行动进行评估的实用标准。

> ● **插文 4-6  确定倡议是否有价值的系列标准**[12]
>
> 以下是对行动进行评估的一系列适用标准：
>
> ■ **切合实际性**：干预措施对其所处的经济状况、环境状况、公平程度、社会形势、政治经济条件和能力条件的敏感程度。
>
> ■ **有效性**：干预措施达成或预计会达成其目标的程度。
>
> ■ **影响**：干预措施已经产生或预计会产生的重大积极或消极、预期或非预期的影响（包括社会、环境和经济三方面）。
>
> ■ **一致性**：干预措施与某一国家、部门或机构的其他干预措施的兼容程度。
>
> ■ **效率**：干预措施及时取得或可能及时取得成果的程度。
>
> ■ **可持续性**：干预措施持续或可能持续实现净收益的程度。

对于监测与评估，除了这些需要考虑的一般因素外，人们还需要考虑到其他几点：

■ 多种多样的工具和方法，以便用于监测与评估，因为单一方法无法应对复杂问题[13][14]，附录 1 中的工具提供了一份监测与评估方案清单，能够描述相互联系程度和动态相互关系、深层规范、信念和价值观或复杂的因果过程[13]。除了定量方法，还需要定性方法，以描述人们对某主题（如倡议的影响）的看法，以解释数据背后的"为什么"[15]。

■ 监测与评估应是一个持续的过程，旨在识别（积极和消极的）意外后果，评估运行状况，以便为行动计划或多方利益相关者合作倡议的调整提供信息[16]。这样监测与评估的负责人就能不断根据目标粮食体系的变化，修订愿景、战略（包括变革理论）和行动计划[11]。

■ 鼓励利益相关者参与各项事务，不仅参与干预措施的设计和实施，还可以参与检测评估程序本身的概念确定，如此才能产生影响[12]。这意味着，参与倡议行动或受到行动影响的利益相关者，也参与了对变化衡量指标的选择、对信息的收集和对结果的评估。这将有助于增强利益相关者的参与积极性[13]。

插文 4-7 提供了社区参与监测与评估程序的一个例子，展现了哥伦比亚北考卡土著卡比尔多斯人协会积极参与指标选择和进展记录的情形。

在这个例子中，监测与评估程序发挥了集体学习的作用，最终也融入了社区的集体记忆。

©粮农组织/Vyacheslav Oseledko

2016 年 8 月 22 日，吉尔吉斯斯坦比什凯克（Bishkek）20 公里外的康德（Kant）附近，一名妇女在路上卖蔬菜和水果。

### ➡ 插文 4-7　社区参与监测与评估：哥伦比亚北考卡土著卡比尔多斯人协会的经验[125][126]

北考卡土著卡比尔多斯协会成立于 1994 年，目前代表该地 22 个地方当局，负责代表这些社区制定计划、战略和项目。

在制定第一批发展计划期间，北考卡土著卡比尔多斯协会建立了一个监测与评估系统，以确保社区在实施、管理和监督阶段积极参与。监测与评估系统评估所有发展部门。评估指标也由社区制定。此外，还提供了简化方法，以便当地人使用。在这之后，社区便能够在不同层面评估并记录进展，根据需要调整目标或重新制定新战略。

整个项目由大会领导，大会对项目进行讨论。大会持续三天，参会者包括来自各个社区的代表，他们代表着所有群体（女性、男性、成年人、青年、领导人、政府官员等）和部门（教育、卫生、发展、农业、环境、文化等）。

这样做带来了一些重要影响，其中包括社区参与度的提高、公共问责制度的加强、社区成员决策和管理的改善，以及该地区扁平权力关系的加强。整个过程整体提升了社区的认知，最终成为社区集体记忆的一部分。而后，得到的成果将反馈到正在进行的工作流程中，在未来的大会中，也会对成果进行重新评估。

■ 监测与评估是学习过程的一部分。学习过程需要对实践进行批判性反思。

通过对实践进行批判性反思，利益相关者可以提高自我评估能力，可以更加自主地为倡议作出更大贡献[110]。随着倡议向前推进、学习逐步开展，利益相关者应对复杂粮食体系挑战的能力将会得到加强。多方利益相关者合作倡议工作人员、领导者或发展伙伴可以成为学习的促进者，鼓励个人、团体和组织进行反思[111]。

插文 4-8 列出了指导反思过程的问题。

> ### ➡ 插文 4-8　用于利益相关者对实践进行批判性反思的问题[112]
>
> ■ 什么成功了，什么失败了？
> ■ 我们为什么成功或失败？
> ■ 对倡议或组织有什么影响？
> ■ 我们现在可以采取哪些行动来改进未来的工作？

■ 交流和传播监测与评估的学习成果。知识共享和学习工具包括研究成功或失败案例、定期召开会议分享知识和经验教训、开展考察或交流访问以及推广关于改进行动的技术性文献。贡献或"快照"故事可以描述粮食体系在特定时间点发生的变化，探讨多方利益相关者倡议发起的"缘由""方式"与作用[113]。

附录 1 中的模块 4 提供了一份参与式监测、评估和学习的工具和资源清单。

©粮农组织/Jean Bonogo

# 模块5
## 确保合作可持续

## 5.1 确保实现制度化

如前所述，若要确保多方利益相关者合作倡议可长期持续，便需要一定程度的制度化和问责制，以及融资、监测、评估和学习程序[⑮]。

尽管对于粮食体系的多方利益相关者合作倡议而言，长期举措通常独立运作，但它们通常表现出一定程度的制度化[⑯]。而实现制度化则需要三个相互关联的关键要素[⑰]：

（1）法律形式。可能有多种法律形式，这取决于当地法律。例如，倡议的形式可以是已注册社团、基金会或非营利性有限责任公司。

（2）治理结构。治理结构应尽可能简单。

（3）融资。最初可以动用种子资金进行融资，同时要寻找更多的长期支持者。随着倡议需求有所变化，资源需求也会发生变化，这就是为什么融资常常会是一项长期挑战[⑱]。

政府的支持也很重要，因为政府可以从法律层面批准倡议，促进利益相关者之间的协调，促使公共部门达成目标并加强问责，降低获取公共资源的难度，同时也有助于加速将多方利益相关者合作倡议的成果按需求转化为政策或法规[⑲]。

例如，在爱尔兰，每5～10年便会召开一次多方利益相关者委员会会议，以制定国家农业粮食战略。该委员会包括各个行业的代表，代表农民、渔民、林农、食品和饮料行业的加工商和制造商，以及政府机构和学术界。委员会由独立主席主持，由爱尔兰农业、食品及海事部（DAFM）负责推动。爱尔兰农业、食品及海事部领导着一个执行小组，该小组由政府各部门与涉及农业粮食的机构组成。在五年的周期内，由爱尔兰农业、食品及海事部负责，监督针对国家农业粮食战略的监测程序。

尽管政府发生了各种变化，但在三十年的时间里，该多方利益相关者战略成功地制定了多个连贯的战略，并将经验教训整合进了每个战略周期之中，以确保持续改进。在采访中，参与战略的人强调了高级别部长的支持和监督、机制透明和有效协商的重要性。爱尔兰农业、食品及海事部秘书处的切实支持也被认为是促进委员会协调的重要贡献[⑳]。

多方利益相关者合作倡议的可持续性展示了丰富的多样性，从融入公共机构或成为地方政府的一部分，到完全独立运作，各种形式应有尽有。粮食政策委员会就是一个很好的例子，其展示了"多方利益相关者合作倡议如何灵活适应当地的制度环境"。在美国，众多粮食政策委员会作为独立实体注册，不隶属于当地政府。但是，它们可以通过政府决议或市政条例获得正式认可，或者作为地方政府的一个附属委员会成立。

多方利益相关者合作倡议也可以被纳入政府机构或地方政府系统中，这种整合要么会增强政府的合法性，要么会削弱其作为中立咨询机构的形象，这取决于所在国家的政治环境。研究表明，在美国，粮食政策委员会融入地方政府机构后，能更容易获得政府工作人员的支持，并且会促进地方、区域及城市粮食体系部门的协调合作。

一旦某项倡议被纳入公共系统，它将必须遵循复杂的官僚程序和要求。而且，现任政府政策议程的变更可能会导致对该倡议的支持减少。倡议所处的位置也至关重要，因为如果它被纳入地方政府的单一部门，则可能会失去其原有的公正性和系统性视角。

美国的粮食委员会通常以非营利组织的形式运作，独立于地方政府。尽管公共部门代表也积极参与委员会的磋商与对话。而加拿大多伦多的粮食委员会则声称采用了一种混合模式，这种模式在政府内部孕育了一种"变革文化"，从而扩大了地方粮食运动的影响力和重要性，同时也推动了市政府的政策变革。虽然粮食委员会本身并未正式纳入制度系统，但还是提供了一个充满创新的治理范例。在这个中立的空间里，民间组织扮演着关键的角色，而政府也对其予以认可和重视。

## 5.2　为多方利益相关者开展合作提供资金支持

大多数多方利益相关者倡议都面临资源有限的挑战，它们能否长期运作往往依赖于能否获得长期的资金支持，以确保各项活动的开展以及技术援助和沟通等日常开销的覆盖。启动资金可以支持这些倡议的初期运作，但随着时间的推移，资助者的偏好可能会发生变化，他们可能更愿意支持短期项目，而非长期项目。因此，这些倡议可能无法继续获得政府和基金会的资金资源。此外，随着倡议的发展壮大，可能需要更多的工作人员来支持其运作。所有这些因素都使得资金筹措变得异常艰难和复杂。

为了确保资金的顺利筹措，可以设立一个骨干支持单位来协调各方的努力。此外，可以组建一个经验丰富的小型筹款小组来领导这一过程。学术合作伙伴也可以提供支持，协助进行研究和经费申请，因为筹款工作耗时耗力。同时，筹款应被视为多方利益相关者合作倡议所有利益相关者的共同责任。

以丹麦有机协会为例，这个全国性的会员组织在 2007 年至 2020 年间帮助丹麦的有机农业种植面积翻了一番。目前，有机粮食在丹麦零售市场中的份额已达到约 13%。丹麦有机协会的年度预算约 800 万欧元，其中大约 75% 的资金来自公共独资或公私合资，这些资金通常与具体项目挂钩。各项实施计划都得到了充足的资金支持。例如，欧盟的共同农业政策提供了 2.67 亿欧元资金，帮助农民将土地改造为有机农田。

另一种战略是使资金来源多样化，比如从健康、环境或社区发展等不同领域寻求支持，并向多个政府机构或基金会申请小额资金。然而，利益相关者可能对资助者的选择持有不同意见，由此可能引发内部冲突。因此，多方利益相关者合作倡议的领导者和协调者需要推动开放式讨论，确保过程透明，并努力达成共识，以便找到愿意支持该倡议的"中立"捐助者。

在制定多方利益相关者合作倡议的预算时，务必要全面评估人力资源的需求，并确保充分考虑进去。对于粮食政策委员会而言，它们往往依赖志愿者的贡献，这可能会带来一定的限制和挑战。然而，如果委员会隶属于公共机构，或许可以更容易地获得公共资金的支持。

与尼泊尔农村妇女的讨论。

在制定预算来指导资金分配时，应基于该倡议预期的结构和活动。举例来说，比利时根特市的粮食政策咨询机构"Ghent en Garde Policy Council"每年的预算为 8.5 万欧元，这笔资金来自市政府的支持。预算的大部分用于支持本地项目，小部分用于会议组织、公共活动和交流活动。需要强调的是，该委员会有 32 名成员，其参加会议的费用由各自的组织承担。

粮食政策委员会的预算清单详细记录了各项收支，包括员工工资、办公用品和会议费用等支出，还有差旅费、培训资料、监测评估、报告以及其他固定费用。此外，预算中还应包含一项费用估算的项目，用于支持各种行动者积极参与，尤其是那些不太容易获取资源的群体。至于多方利益相关者合作倡议的财务托管方，则是负责处理会计、财务报告和资金管理的组织。这个托管方可以是倡议的主办方、备受信任的团体成员，或者是独立的外部机构。无论是哪种情况，都需要得到所有团体成员和潜在捐助者的认可。

附录 1 中的模块 5 提供了用于资助多方利益相关者合作倡议的工具和资源清单。

## 结论

这份指南旨在为一些个人、团队和组织提供指导，他们致力于召集和推动与粮食体系可持续转型相关的各种规模和类型的多方利益相关者倡议。特别是为那些致力于跟进联合国粮食体系峰会后续行动的国内和国际倡议提供支持。多方利益相关者合作倡议往往将一群有相同目标的利益相关者汇聚在一起，共同解决粮食体系中的问题。以包容和透明的方式共同开展这项工作是前进的第一步，也是必要的一步，能够为后续阶段提供必要的信息，其中包括处理因干预措施而产生的利弊取舍问题。

这份指南分为五个模块，涵盖了各种类型多方利益相关者倡议中所涉及的关键任务。它深入探讨了在整个过程中倡议的召集人或促进者可能面临的各种挑战，并提供了应对这些挑战的建议、思路和实例。

模块 1 强调了确保利益相关者在代表性和能力上与讨论议题相匹配的重要性。

这一过程中，它自然地引出了模块 2，该模块深入探讨了共同讨论和运用粮食体系评估获得的证据和数据之间的重要联系。该模块强调讨论不仅要包括易于理解的科学知识，还要包括本地人和土著人的知识，以实现数据（包括定量和定性数据）的多方交流，从而促进多元化视角。这一过程还有助于解决一些难以量化的指标，如可持续性和包容性。

模块 3 就"如何"合作提出建议，它强调了处理权力不平衡问题的重要性，以及如何与每个利益相关者群体最有效地合作，尤其是赋予边缘化和少数群体发声的权利。然而，实现这一目标需要倡议的促进者或负责管理过程的团

45

队具备特定的能力，包括专业知识和系统思维的能力。

模块 4 的指导聚焦于如何将利益相关者讨论中提出的想法转化为实际行动，强调了在这一过程中对资金和人力资源的需求，并提供了如何让资金来源多样化的建议和示例。此外，我们鼓励积极与其他相关倡议合作，以最大程度地发挥影响力，并减少碎片化工作和重复工作。指南还强调了从一开始就将监测和评估工作纳入行动计划，以确保能够根据实施过程中产生的新情况及时调整计划。

模块 5 探讨了一些能够促进倡议的可持续性的方法，讨论了不同类型的机构之间进行合作和协调的利弊。

最后，这份指南表明，粮食体系的转型需要包括政府和非政府组织在内的所有利益相关者的持续合作。这项任务并不容易，因为粮食体系极为复杂，这意味着决策往往需要解决权力不平等的问题，然后做出妥协，这确实是一个很耗时的过程。

五个模块之间的相互依赖关系表明：我们所面对的挑战不仅仅是讨论科学证据和其他类型的知识，还要处理各种既定议程和利益相关者之间错综复杂的关系。通过不断发现问题并找到解决问题的最佳方案，如此循环往复，所有利益相关者（包括国家政府在内）都将不断提升可持续粮食体系转型所需的能力和技能。

©粮农组织/Luis Tato

# 附录1
## 指导多方利益相关者合作以推动粮食体系转型的工具和资源

请注意：本指南不会明确推荐任何特定的工具或资源。选择何种工具和资源应由多方利益相关者合作倡议成员根据该倡议所处阶段和实际需求共同决定。

# 模块 1　促进多方利益相关者广泛参与

## 公共部门参与工具

| 工具 | 描述 |
| --- | --- |
| 合作伙伴工具包：加强国际农业发展基金伙伴关系的实用工具[②] | 强调了与政府合作的关键要素，需要持续的关注和审查，以及谨慎的协商，同时，还需要具备高度的政治和文化敏感性，并为如何应对各种挑战提出了建议 |

## 私营部门参与工具

| 工具 | 描述 |
| --- | --- |
| 指南说明[③] | 对《高效合作行动方法》进行了补充，为与私营部门在协作行动领域开展合作提供具体指导 |
| 超越价值链的价值[④] | 通过案例分析研究为何私营部门参与是转型的关键，指导私营部门跳出其自身价值链，以获得共同成果 |
| 合作伙伴工具包：加强国际农业发展基金合作伙伴关系的实用工具[③] | 概述了与私营部门建立成功合作伙伴关系的关键考虑因素，解释了尽职调查流程 |
| 可持续发展目标伙伴关系指南[⑥] | 概述了企业能成为合作伙伴的关键要素，包括激励机制、主要特征以及对多方利益相关者合作倡议的影响 |
| 与中小型农业粮食企业合作：指导政策制定的定性研究方法指南[③] | 当中的访谈指南目的在于评估国家政策对企业运营的影响，以及各种商业模式与可持续发展目标之间的关系。这一方法已在肯尼亚和塞内加尔的稻米行业中得到应用 |

## 少数群体参与工具

| 工具 | 描述 |
| --- | --- |
| 正确实施：提升多方利益相关者论坛包容性的指南[⑥] | 阐述了如何将少数代表群体纳入行动中，特别是妇女和土著居民。提供了几种工具，用于在行动最有效时落实这种包容性 |

## 利益相关者绘图与分析工具

| 工具 | 描述 |
| --- | --- |
| 有效合作行动指南⑥ | 提出了关于利益相关者分析和按重要性优先排序的建议，确保在会议中聚集正确的人员。所提出的利益相关者绘图练习提供了一种逐步进行的方法：<br>• 确定感兴趣的各方及其在该领域中的作用<br>• 分析他们在合作中的利益和潜在作用<br>• 优先考虑最为重要的利益相关者<br>• 以及确定与他们合作的最佳方式 |
| 多方利益相关者合作指南：如何设计和促进多方利益相关者合作⑦ | 提出了四种利益相关者绘图工具：<br>• 利益相关者识别工具提供了最相关的利益相关者及其关系的快速可视化概述。可供选择的有维恩图或蜘蛛网网络分析<br>• 利益相关者特征与角色矩阵有助于对利益相关者及其特征进行"初步梳理"，并确定利益相关者的角色。小组可以填写该矩阵，从而系统分析最重要的利益相关者，他们的利益是什么、他们能对多方利益相关者合作作出什么贡献以及他们是否具有影响力<br>• 网络图是一种参与式访谈技术，结合了社交网络分析、利益相关者绘图和权力绘图。网络图以视觉手段帮助人们理解、讨论和改善不同参与者影响结果的情况<br>• 利益相关者分析重要性与影响力矩阵会记录每个利益相关者对相关问题或多方利益相关者合作的潜在目标的影响，以及他们对该问题的兴趣水平。它可用于启动多方利益相关者合作，也可用于审核已建立的多方利益相关者合作的情况。它特别有助于识别尚未加入的（潜在）利益相关者 |
| 多方利益相关者管理：利益相关者分析工具：设计参与式合作系统的十大要素⑧ | 提出了进行利益相关者分析的十大要素：<br>• 确定关键利益相关者<br>• 利益相关者绘图<br>• 利益相关者概况和战略选择<br>• 权力和权力资源<br>• 利益相关者的利益和行动范围<br>• 影响力和参与度<br>• 立场分析<br>• 建立信任<br>• 排斥和赋权<br>• 性别<br>（跨领域的性别平等建设） |
| FIT4FOOD2030 知识中心：走向可持续的粮食体系 | 提供了利益相关者识别和参与工具，以及利益相关者分析工具，以建设网络、创建平台和设计实验室，促进粮食体系转型 |

（续）

| 工具 | 描述 |
|---|---|
| 促进多方利益相关者合作进程的工具包[⑪] | 提供了六种工具来促进利益相关者的参与：<br>• 利益相关者思维导图工具：快速描绘主要利益相关者及其所属的类别（部门）<br>• 利益相关者分类工具：根据他们对干预措施的影响或受影响的程度，将主要利益相关者进行分类<br>• 基于影响力和兴趣水平的利益相关者分析工具：了解主要利益相关者的影响力和兴趣水平，理解他们之间的关系并制定更高效的参与战略<br>• 基于立场和需求的利益相关者分析工具：了解利益相关者的需求和在倡议中的立场，理解他们之间的关系并制定更高效的参与战略<br>• 参与程度和参与效果工具：在倡议的不同阶段，制定战略让利益相关者以不同的形式参与<br>• 利益相关者参与计划工具：深入并广泛了解主要利益相关者，找到能激励他们更加积极参与、有效协作的战略 |

# 模块 2 确保充分了解粮食体系

## 粮食体系绘图和分析工具

| 工具 | 描述 |
|---|---|
| 城市区域粮食体系工具包[⑫] | 指导评估和规划可持续的城市区域粮食体系。包括从 11 个城市中总结的实用工具和示例，介绍如下：<br>• 定义和绘制城市区域地图<br>• 收集城市区域粮食体系的数据<br>• 通过快速和深入评估，收集和分析不同城市区域粮食体系组成部分和可持续性各个维度的信息<br>• 运用多方利益相关者倡议，吸引决策者和其他利益相关者参与设计更具可持续性和韧性的城市区域粮食体系 |
| 《促成可持续和包容的粮食体系转型：国家和地区评估的概念框架和方法》[⑬] | 初步系统地概述了国家粮食体系的成效及其对可持续粮食经济的潜在贡献。通过结合定量证据、定性评估和参与式分析，评估结果将有助于确定有关长期粮食体系挑战的政策对话导向，并确定可持续转型的一系列方案。快速评估包括六个主要步骤：<br>• 第 0 步：准备评估<br>• 第 A 步：界定问题<br>• 第 B 步：收集和分析可用数据 |

（续）

| 工具 | 描述 |
|------|------|
| | • 第 C 步：咨询关键知情者，以确定最严重的挑战，进行区域性诊断，并确定主要的行动者和活动<br>• 第 D 步：交流讨论对不同地区粮食体系的理解，并达成共识<br>• 第 E 步：总结国家和地方的粮食体系分析 |
| 快速城市粮食体系评估工具（RUFSAT）<sup>㉑</sup> | 指导如何在粮农组织《为城市地区发展可持续粮食体系》项目背景下开展城市粮食体系评估。该工具包括：<br>• 用于收集和分析二手数据并进行政策审计的专业指南<br>• 针对关键行为者（消费者、生产者、加工商、零售商、批发商等）的定制调查问卷<br>• 报告协议 |
| 城市粮食体系评估：营养均衡和健康饮食<sup>㉒</sup> | 确定了关于健康饮食的粮食体系评估的七个操作步骤：<br>• 明确"核心团队"<br>• 进行二次分析<br>• 筛选评估问题和模块<br>• 收集一手数据并进行分析<br>• 采访关键知情人士<br>• 地理信息绘图<br>• 发布评估结果 |
| 米兰城市粮食政策协议（MUFPP）监测框架<sup>㉓</sup> | 这份协议旨在阐述城市在推动可持续城市粮食体系方面的作用。其中包含了一个行动框架，涵盖了六大类别，共 37 项建议行动，包括治理、可持续饮食与营养、社会和经济公平、粮食生产（包括城乡联系）、粮食供应与分配以及粮食浪费。为了支持城市制定和监测粮食政策，特别开发了一套监测框架，总共包含 44 个指标，涵盖了这 37 项建议行动中的每一项 |
| 粮食体系决策支持工具箱<sup>㉔</sup> | 这个工具箱汇总了各种可用于粮食体系分析的工具和方法，采用了系统思维的方法。其目标是提出可操作的建议，以推动系统性变革。该工具箱建议的粮食体系分析过程包括五个步骤和一系列可在不同阶段使用的工具：<br>• 确定政策目标（为什么进行这项粮食体系分析？）<br>• 分析粮食体系参与者<br>• 分析粮食体系特征<br>• 分析粮食体系行为<br>• 建议 |
| 为制定面向所有人的可持续健康饮食政策，提供全面的诊断方法<sup>㉕</sup> | 提供了一个操作性强的工具包，用于在国家层面开展粮食体系诊断，以指导政策的制定和实施。粮食体系转型综合政策（FS-TIP）倡议建议诊断分析从定性概述开始，包括描述背景和指出粮食体系转型问题的根本原因。第二部分则按照三个层次进行组织，并与联合国粮食体系峰会的行动轨道和行动领域的成果导向保持一致。这些行动轨道包含 21 个指标，加上一个整体性指标，共计 22 个指标 |

（续）

| 工具 | 描述 |
| --- | --- |
| 粮食体系绘图：一种参与式研究工具[⑮] | 提供了一种参与式粮食体系绘图的方法，这种方法是一个迭代的过程，即通过研究团队与关键利益相关者之间的反思和讨论，共同识别特定粮食体系的主要特征，包括最重要的参与者、主要活动、具体效益和外部效应以及地理空间 |
| FIT4FOOD2030 知识中心：走向可持续粮食体系[⑯] | 为绘制粮食体系图提供指导，其中包括罗列趋势、范例、（潜在的）突破、政策和利益相关者清单的工具，同时能指导粮食体系远景规划和研究创新远景规划，这些可以揭示未来我们期望和需要什么样的变化 |
| 粮食体系转型的协作框架[⑰] | 提出了两种互补方法，能促进在某一粮食体系背景下的决策过程的取舍分析和未来场景的构建：<br>生命周期思维（LCT）和生命周期评估（LCA）：这些评估方法可以帮助识别某一产品或整个系统生命周期中可能对环境造成的最重要的影响，也称为可持续性热点<br>生态系统与生物多样性经济学（TEEB）：该倡议旨在支持政府量化大自然带来的经济效益，主要手段是对生态农业粮食体系进行全面的经济评估，证明农民经营的经济环境因巨大的外部效应（包括正面效应和负面效应）发生扭曲，缺乏对自然、人力和社会资本的依赖性的认识也是一大原因<br>为了纠正这些"隐藏成本"，我们可以采取以下两个步骤：<br>真实成本核算（TCA）：重新定义食物的价值，以解决外部效应和其他市场失灵问题。通过展示廉价健康粮食的效益，揭示该粮食造成的环境和人类健康损害成本，从而揭示粮食的真正价值<br>真实定价：将外部效应纳入定价战略的考量之中，以确保经济效益与社会价值相一致 |
| 促进多方利益相关者进程：工具包[⑱] | 提供了三种系统分析工具：<br>• 系统绘图工具：用于理解系统"运作"方式、范围以及各组成部分之间的关系<br>• 影响矩阵工具：用于理解各因素之间如何相互影响，以及识别杠杆点/关键因素<br>• 反馈环工具：用于理解各因素之间如何相互影响，进而影响整个系统 |

# 模块3   促成包容有效的合作

## 启动进程的工具

| 工具 | 描述 |
| --- | --- |
| 粮食体系转型的协作框架① | 建议采取四项行动来推动粮食体系转型，首先是确定个人或小组作为粮食体系转型的倡导者，并在启动多方利益相关者对话和行动之前造势。用来识别和吸引倡导者的活动包括：<br>• 引起关注，倡导采用不同的粮食和农业政策方法，即粮食体系方法<br>• 增强系统意识，并在公共活动上发言，传达这样的信息：系统思维具有重大好处<br>• 组织粮食体系方法的培训，谋求高层代表的支持 |
| 培养内在能力，促进粮食体系的再生② | 这份报告根据最新的证据，为培育粮食体系利益相关者的内在能力提供了理论基础。通过培育这些具有变革性的认知、情感和人际关系能力与技能，以及处理不同思维模式、信仰、价值观和世界观的能力，有助于拓展和加深人们与世界的自觉关系。与此同时，也能对外部解决方案——例如农业投入、农业技术、经济刺激、法律和政策进行重要补充，从而有助于构建再生性粮食体系 |
| 多方利益相关者合作指南：如何设计和促进多方利益相关者合作③ | 为多方利益相关者合作的启动提供指导，特别建议：<br>• 阐明多方利益相关者合作的原因<br>• 进行初步情况分析（利益相关者、问题、机构、权力和政治）<br>• 成立临时指导机构<br>• 获得利益相关者支持<br>• 确定范围和授权<br>• 概述流程 |
| FIT4FOOD2030知识中心：走向可持续的粮食体系④ | 指导粮食实验室或生活实验室的运作，并为整个流程中的每一步提供支持性工具，其中也包括启动阶段 |

## 建立完善的治理结构的工具

| 工具 | 描述 |
| --- | --- |
| 协同行动有效实施指南⑤ | 建议成立一个骨干支持单位或秘书处，作为一个基础性单位来支持多方利益相关者工作。这个单位的设置可以根据资金、项目规模和需求进行调整。在人力资源方面，可能需要涵盖 |

（续）

| 工具 | 描述 |
|---|---|
| 协同行动有效实施指南 | • 领导层<br>• 熟练的促进者<br>• 项目协调员<br>• 活动组织者/线上合作者<br>• 沟通专员<br>• 政治游说者/社交人脉<br>• 私营部门/利益相关者<br>• 后勤与行政管理人员 |
| FIT4FOOD2030 知识中心：走向可持续的粮食体系® | 指导粮食实验室或生活实验室的运作，为每个步骤提供支持性工具，包括实验室设计。在实验室治理方面，提出了三种可能的治理模式：<br>• 小型核心团队，参与活动的人员会有所变动<br>• 人员范围更广泛的核心团队，包括参与整个过程的大使<br>• 实验室与已有的或新兴的关系网建立联系 |
| 创建地方粮食政策委员会：密歇根州社区指南® | 这份指南列出了地方粮食政策委员会可能采用的不同结构。尽管它们的形式多种多样，但总体上可以分为三个协调层次：<br>• 首先是领导层或执行委员会或董事会，由经过精心挑选的专家或地方粮食行业的代表组成，他们为粮食政策问题提供建议。通常，他们制定战略决策，并监督委员会的目标和行动计划的执行情况<br>• 其次是大会，一些粮食政策委员会不仅设有董事会，还设有一个更大的会议空间，所有成员都在那里开会。在这个空间里，他们交流分享该城市或该区域正在进行的倡议、政策或流程的信息。在这个空间里，他们规划、审查和讨论委员会的行动方针<br>• 最后是子委员会或工作组，这些小组可能长期运作，专注于特定主题，或是专门为解决具体问题而成立 |
| 促进多方利益相关者合作进程：工具包® | 提供了两种工具来建立多方利益相关者合作倡议的治理体系：<br>• 治理体系图表工具：促进一种动态关系和决策环境，有助于利益相关者形成共同愿景和开展协调行动<br>• 相互问责的角色和责任工具：为每个治理机构定义角色和责任 |
| 潜意识偏见培训® | 基于流行和知名的隐性关联测试（IAT），指导对潜意识偏见（又称隐性关联）的评估。这项测试可以检测人们是否在种族、性别、性取向和国籍等方面存在潜意识偏见 |

## 协作领导和合作管理的工具

| 工具 | 描述 |
| --- | --- |
| 多方利益相关者合作指南：如何设计和促进多方利益相关者合作[③] | 指导建立良好的正式和非正式领导方式。多方利益相关者合作的本质是鼓励人们共同努力、承担责任，并赋予他们解决复杂问题的能力。因此，多方利益相关者合作需要协作型领导，各方承担不同的领导角色。指南提出，多方利益相关者合作需要以下六种领导类型：<br>• 召集型领导：能够激发利益相关者以合作的方式表达和界定问题的人。他们通常是备受尊敬和信任的人，能够让不同利益相关者群体建立良好关系<br>• 代表型领导：各利益相关者团体的领导人需要积极参与团体内部事项，并真实地代表团体的利益<br>• 支持型领导：多方利益相关者合作通常需要得到可能不直接参与合作的有权势人士的支持和认可，例如政府部长或参与组织的首席执行官。合作通常需要外部领导人员提供必要的资源支持<br>• 组织型领导：包括组织活动、安排实地考察、动员资源、建立网站、召开会议等<br>• 信息型领导：需要领导者确定所需信息，并确保以利益相关者能够理解和接受的方式收集和传达信息<br>• 促进型领导：有效使用参与方法和工具能够显著提高利益相关者集体学习的能力，从而提高整个合作过程的有效性。领导者需要推动使用能够促进倡议的方法，而促进过程本身也是一种重要的领导形式<br>• 此外，要实现粮食体系的转型，需要摒弃传统的自上而下、分层式的线性方法，而要采用一种系统性的领导方式，即任何个人或组织可以用来推动、支持和促进多方利益相关者参与体系变革的一组技能 |
| 协同行动指南[④] | 列出了四项基本实践，它们共同构建了有效协同行动所需的正确思维模式、情感基础和行动方向。强调了在体系变革过程中"如何作为"的重要性。首要实践是培养系统领导能力。这一实践旨在赋予人们领导变革的能力，涵盖了个体内部、机构内部和整个系统内部三个层面：<br>这方面的能力建设涉及探究内在工作、集体转变和系统转变之间的相互关系。关键能力包括自我意识、他人意识、自我探究和协作探究，以及其他跨学科技能。该做法基于这样的认识，每个人都有潜力成为变革的推动者和领导者。体系变革应该影响到这三个层面。有四种工具能支持这一实践：<br>• 体系变革教育：提供了系统领导所需的工具、能力、框架和方法的全面清单 |

（续）

| 工具 | 描述 |
| --- | --- |
| 协同行动指南 | • 系统领导技能构建：构建此技能可以帮助领导者识别他们可能处于五种类型系统中的哪一种，以及常见的挑战和需要培养哪些技能和特质<br>• 旅行式学习：前往有助于提高系统领导能力的地方进行实地参观，通常最好不超过五个人<br>• 系统领导能力培训：为绿色商品社区提供有关系统领导能力培训的专家视频 |
| 可持续发展的系统领导能力：实现系统性变革的策略⑯ | 介绍了领导体系变革的 CLEAR 框架，指出了体系变革过程的五个关键要素：<br>• 召集和承诺<br>• 观察和学习<br>• 参与和激励<br>• 尽职和尽责<br>• 审查和修订 |
| 培养内在能力促进可再生粮食体系建设⑯ | 本指南为培养粮食体系利益相关者内在能力提供了理论支持。通过培育这些变革性的认知、情感和人际关系能力与技能，以及处理不同思维模式、信仰、价值观和世界观的能力，有助于扩展和加深与世界的有意识关系。这种方法对于实现可再生的粮食体系至关重要，与此同时，也能对外部解决方案——例如农业投入和技术、经济刺激、法律和政策形成了必要的补充，从而有助于构建再生性粮食体系 |
| 变革粮食体系：系统思维对设计和实施以推动粮食和农业体系变革为目标的国际发展项目的意义⑯ | 概述了将系统思维融入粮食体系转型行动的十个步骤，这是基于对系统思维是推动变革的关键领导技能的认识 |

## 促进成功的工具

| 工具 | 描述 |
| --- | --- |
| FIT4FOOD2030 知识中心：迈向可持续粮食体系⑯ | 指导粮食实验室或生活实验室的运作，并为每个步骤提供支持性工具，包括多方利益相关者活动设计指南，提供启发材料，供协调者使用，从而让参与者能够进入"安全空间"，进行包容和平等的知识交流，共同创造成果，并参与粮食体系转型 |

（续）

| 工具 | 描述 |
|---|---|
| 多方利益相关者合作指南：如何设计和促进多方利益相关者合作⑫ | 指导如何促进多方利益相关者成功合作（第6章）。此外，还设计了60种促进工具，编入了多方利益相关者合作指南的附属文件，以便存储和共享。该指南建议，成功的促进者通常是积极的中间代理人、对话者或创新经纪人，他们在自己的专业领域具有一定的威望，并且被尊重和信任。优秀的促进者通常知道自己在说什么；他们具有该领域的技术知识和可以调动的人际关系网<br>促进者可以扮演多种角色，包括领导远景规划、培育关系网、管理事务、宣传新想法、创造对话空间和组织有效会议。如果能在多方利益相关者合作倡议中胜任这些角色，便可以克服合作创新的许多障碍<br>促进者是：<br>• 召集者，将相关人员聚集在一起并促进他们之间的互动<br>• 调停人，管理利益相关者的分歧、支持他们相互学习，从而让其有效合作<br>• 催化剂，激发利益相关者突破传统思维模式，设计和实施新的大胆的解决方案 |
| 促进多方利益相关者进程：工具包⑬ | 提供了几种工具和方法，可以分为六种不同的促进方式。比如：<br>• 椅子圈会议<br>• 专家座谈会<br>• 焦点小组玻璃鱼缸式会议<br>• 马戈利斯轮会议<br>• 开放空间会议<br>• 世界咖啡会议<br>• 团体互动：活跃气氛，全体会议，小组，三人组，两人组，漫步对话<br>• 旅行式学习和沉浸式体验<br>• 寻找原型和规划思维 |

## 有效沟通的工具

| 工具 | 描述 |
|---|---|
| 协同行动指南⑭ | 列举了四项基本实践，这些实践共同构建了有效协同行动所需的正确思维模式、情感态度和行动取向。强调了在变革系统时"如何作为"的重要性。第三项基本实践是有效沟通，它在三个层面上发挥作用：<br>• 个人层面：即如何与持有截然不同观点的利益相关者进行对话，并倾听他们的观点<br>• 集体层面：在处于合作关系的利益相关者团队内部，确保集体制定关键事项，以形成统一叙事模式；在更大的团体内，则可以采用沟通工作组的形式 |

（续）

| 工具 | 描述 |
| --- | --- |
| 协同行动指南 | • 系统层面：当与我们试图变革的系统或社区进行沟通时，需要采用深思熟虑和连贯的叙事模式；这样可以产生更广泛的影响，推动变革临界点的到来与延续<br>为了有效沟通，建议使用以下三种工具：<br>• 沟通与体系变革：指出了体系变革沟通战略与传统沟通战略的五大不同<br>• 四个倾听层次<br>• 深度倾听：倾听对有效协同行动的许多方面至关重要 |
| 多方利益相关者合作指南：如何设计和促进多方利益相关者合作⑧ | 提出四种促进有效沟通的技巧：<br>• 对话与辩论：对话是人们在某段关系中共同思考、暂停评判并共同创造新事物（新的社会现实）的交流形式<br>• 非暴力沟通：罗森伯格（Rosenberg）提出了另一种沟通方式，即鼓励我们专注于自身和他人的观察、我们对此的感受、我们的基本需求，以及我们每个人会向他人或自己提出什么请求<br>• 有效询问和积极倾听：积极倾听意味着尽可能地清空头脑，全神贯注地倾听对方——不带任何评判、偏见或预设结论<br>• 文化问题与沟通：这种沟通方式需要尊重其他参与者的文化偏好。为促进跨文化交流可以采取一些措施：首要原则是了解在场人员的身份 |
| FIT4FOOD2030 知识中心：走向可持续粮食体系⑨ | 指导设计量身定制的沟通战略，以有效地与各利益相关者进行交流。此外，还提出了一项与利益相关者沟通的准备练习，旨在培养不同利益相关者对参与变革工作的共情能力。推出了"深度倾听"练习，它基于 U 理论的沟通原则，即用"心智""情感"和"意志"进行沟通，以及自我监测（记录日志）。在"意志"层面上进行沟通，有助于变革网络里的行动者在彼此之间，以及他们自身（动机和目标）与变革网络（行动）之间建立联系 |

## 处理权力差异的工具

| 工具 | 描述 |
| --- | --- |
| 有效合作行动指南⑩ | 列出了四项核心实践，它们共同为有效合作行动建立起了正确的思维模式和行动导向。强调了"如何"变革体系的重要性。第二项核心实践是学习如何与权力合作。为此，不仅需要了解平等、代表性和资源分配在应对权力差异方面的作用，还需要了解在未来体系变革中，这些因素会如何影响团体的目标，即提高合作的包容性和有效性<br>权力太大可能会阻碍变革，因而需要特定的战略加以应对并推动实现变革。与权力合作时，建议使用三种工具： |

（续）

| 工具 | 描述 |
| --- | --- |
| 有效合作行动指南 | • 权力排名：一种体验式活动，让团队及成员感受各自在团队权力体系中的影响力，并就其进行讨论<br>• 粮食体系中的利益相关者权力：这种活动可以让人更深入地了解利益相关者在粮食体系中扮演的角色，对每个利益相关者的相对重要性、影响及其在粮食体系中的地位产生具象化的认知<br>• 权力：促进社会变革的实用指南：既是一本囊括多种活动的手册，又是一份行动清单，用于理解权力，理解在团队中与权力合作之道 |
| 多方利益相关者在决策进程中的权力分析工具[⑳] | 既提供了思想工具，又提供了行动工具。思想工具通常聚焦于某一理论的几个问题。行动工具往往会指出取得某一成果所要采取的做法。这两种类型的工具既可以（在您作为行动的促进者承担研究工作时）单独使用，又可以（在您作为行动的促进者承担落实工作时）搭配使用。这些工具还可以与七个关于研究和行动的关键问题一同使用，以分析权力动态：<br>• 哪些是其中的关键行为者？各行为者有不同限度的权力和不同程度的影响力。我们需要了解这些"度"，理解权力的基础和运用范围<br>• 各行为者的利益或目标是什么？虽然多方利益相关者伙伴关系具有不同程度的共同目标、共同愿望和相互依赖性，但是各行为者的不同利益或目标仍可能相互矛盾。这可能会促成优势，也可能会导致矛盾和不满，还会对有效性造成有益或有害的影响<br>• 问题是如何提出的，是谁提出的？在多方利益相关者伙伴关系中，制定议程的能力便是权力的体现，因此在参与和赋权过程中，需要平衡伙伴关系中所有行为者的影响力<br>• 各行为者（物质和非物质的）关键资源是什么，对于资源的掌控又如何影响各方施加影响的能力？什么是（资源）依赖？<br>不同的行为者对各种资源（物质资源、非物质资源、政治资源、经济资源、社会资源、个体资源、组织资源等）的获取与掌控程度各不相同，而对资源的获取与掌控则决定了各行为者在多方利益相关者伙伴关系中的影响力，以及实现自身利益的能力<br>• 规范决策的规则是什么？又由谁来制定？决策规则如何影响各行为者参与决策？影响力是如何运用的？（是有损您的利益，还是与您的说法相左，或是与您的营销不符等）。这个问题将多方利益相关者伙伴关系与其"机构"方面联系起来：哪些规则处于支配地位，这些规则由谁制定、如何制定，如何执行、仲裁和批准这些规则<br>• 决策的结果（声誉或认知）和合作的结果在多大限度上反映了这些利益或目标？由此展现多方利益相关者伙伴关系内"权力寻租"过程的结果 |

（续）

| 工具 | 描述 |
| --- | --- |
| 可持续发展目标伙伴关系指南⑧ | 提供了一种工具，既用于明确和探索权力从何而来，设计合理的机制加以应对，也用于明确和探索行动方案，以减少权力不平等现象（工具 6） |
| 促进多方利益相关者进程：工具包⑭ | 包含了一些指导建议，包括如何明确权力动态和行动战略，以及如何运用权力立方概念解决利益相关者之间的权力不平等问题 |

## 促进多方利益相关者提高合作能力和技能的工具

| 工具 | 描述 |
| --- | --- |
| 适用合作框架⑮ | 明确组织的关键程序、关键体系、关键承诺和关键能力，这些对组织的合作能力至关重要，并比照四个组织方面对上述关键因素进行绘图。这四个方面是：领导与战略、体系与程序、技能与支持以及合作文化。使用此框架可以帮助了解组织做了何种程度的准备，以建立有效、可持续伙伴关系 |
| 机构和组织分析及能力强化⑯ | 通过评估小农机构和组织（SIO）的成熟度和能力水平，确定接触它们和加强其能力的方法，就如何与小农机构和组织合作提供指导<br>首先通过二手数据和与当地社区（包括当地领导人、政府和项目工作人员、非政府组织等）的互动，对现有的小农机构和组织进行快速分析<br>快速分析包括三个主要步骤，最终形成一份能力开发计划。三个主要步骤如下：<br>• 快速梳理外部因素<br>• 盘点现有小农机构和组织<br>• 快速评估成熟度和初始能力需求 |
| 能力培养：开发署的首要任务⑰ | 涵盖了开发署能力培养方案的基本方面，并对如何提升能力提供了指导<br>开发署将能力开发视为一个转型过程。通过能力开发，个人、组织和社会将获得、加强、保持制定并实现自身发展目标的能力 |
| 可持续粮食体系：概念和框架课程⑱<br>FIT4FOOD2030<br>　知识中心：迈向可持续粮食体系教育模块⑲<br>　瓦赫宁根大学及研究中心粮食体系电子课程：2022152 | 提供了关于可持续粮食体系的电子课程和培训模块，旨在为利益相关者提供所需的知识和工具，以综合应用系统思维，应对复杂的粮食体系挑战 |

## 应对利益分歧和冲突的工具

| 工具 | 描述 |
|---|---|
| 有效合作行动指南© | 列出了四项核心实践，它们共同为有效合作行动建立起了正确的态度和行动取向<br><br>强调了"如何"改革系统的重要性。第三项核心实践是应对矛盾。营造应对矛盾的积极基调，建立矛盾会得到处理和解决的预期，这对于摒弃私心、构筑信任而言至关重要<br><br>这项实践的重点是促使合作伙伴相信矛盾是可以应对的，从而推动合作行动，进而让整个团队更加紧密地团结在一起<br><br>建议在这项实践中使用三种实用工具：<br>• 多重视角<br>一种体验式的活动，会帮助团体从尽可能多的视角看待问题，这有助于缓解紧张关系，并针对分歧展开对话<br>• 矛盾处理风格<br>这项活动深入剖析了不同矛盾处理风格对人际关系和群体动态造成的影响，使参与者面对任何情形都能够选择适当的矛盾处理风格<br>• 成对散步<br>这项活动包括散步与谈话，以此练习倾听、增进理解、促进合作 |
| 多方利益相关者伙伴关系指南：如何设计、促进多方利益相关者伙伴关系® | 对于识别和处理矛盾，提供了三个视角：矛盾原因探究、矛盾程度次序表和基于利益的谈判<br>• 解决不同的深层原因需要不同的方案<br>• 根据矛盾的激烈程度，将其排列在次序表中<br>• 基于利益的谈判，通过谈判和达成良好的协议，通常能更有效地解决多方利益相关者伙伴关系中的冲突<br><br>良好的协议意味着协议：1）明确；2）对各方而言都能接受，且有吸引力；3）比各方的最佳替代方案都更好。基于利益的谈判关键在于透过各方表明的立场，发现真正的利益所在 |
| 利益相关者合作：为保护架构桥梁® | 表明为了解决矛盾和权力斗争，促进者应着力了解利益相关者之间矛盾的成因，解决矛盾各方在合作中遇到的程序方面的困难，并为合作建立基础<br>这说明解决矛盾的最有效方法包括：<br>• 会议和圆桌讨论：本着团结利益冲突各方的初衷应对矛盾，并尝试达成协议，或至少帮助有关各方加深对矛盾深层成因的了解<br>• 联合倡议：解决共同关心的问题，包括可能并未卷入矛盾的利益相关者关心的问题<br>• 调解：由第三方专业人员进行，他们将帮助解决陷入僵局的问题和矛盾 |

（续）

| 工具 | 描述 |
| --- | --- |
| 利益相关者合作：为保护架构桥梁 | • 培训：对处理谈判、创造性的问题和解决矛盾技术的培训可以培养利益相关者有效支持和参与合作的能力<br>• 提升认知和教育：利益相关者常常缺乏对矛盾的清晰认知，牵涉其中时更是如此，而提升认知和教育可以加深利益相关者对矛盾的了解<br>教育可以促进人们增长知识、开发技能、改善态度以及协调价值观，有助于为合作做出建设性的贡献<br>• 联合事实调查：需要利益相关方共同努力，对存在分歧的情况进行研究<br>各团体若要建立共识，便需要从不同信息源获取信息，并在此基础上达成一致<br>通过为讨论建立共识基础，各利益相关者得以相互了解，建立信任 |
| 可持续发展目标伙伴关系指南⑧ | 提供了关于价值最大化谈判的提示，以共同做大蛋糕，为全体创造最大价值<br>指南还提出了以下原则，以应对利益冲突（COI）：<br>• 明确确立利益冲突背后的关键原则：利益相关者不应从参与倡议中获得不当、非法或不成比例的利益，且应始终避免合作伙伴受到或造成伤害<br>• 意识到潜在的利益冲突是不可避免的，利益冲突并非从根本上就是有害的；还要建立无偏见的利益冲突风险登记册，并时常更新，以明确识别潜在的利益冲突风险<br>• 设法持续监测并降低潜在利益冲突变为现实的风险，并建立强有力的机制，以明确潜在利益冲突会在何时、何处变为现实<br>• 建立明确的程序来处理已经出现的利益矛盾<br>• 在所有合作伙伴、员工和利益相关者之间进行广泛的内部沟通，以引起对利益冲突的重视，帮助培养反制利益冲突的文化和行为（包括更新风险登记册）<br>• 保持公开透明，减少对利益冲突的错误认知：尽可能多地与外部各方进行沟通，说明您的内部决策与完整的利益冲突解决方案 |

## 克服共同挑战的工具

| 工具 | 描述 |
| --- | --- |
| 伙伴合作工具包：加强国际农业发展基金（IFAD）伙伴关系的实用工具⑨ | 明确了伙伴关系中的七个常见挑战，并相应提出了应对之策：<br>• 如果合作伙伴没能实现预期怎么办 |

（续）

| 工具 | 描述 |
|------|------|
| 伙伴合作工具包：加强国际农业发展基金（IFAD）伙伴关系的实用工具 | • 如果没有制定行动计划，无法实现更高层次的合作意愿，该怎么办<br>• 如果核心员工离开了组织该怎么办<br>• 如果外部因素扰乱了合作伙伴的工作计划，该怎么办<br>• 如果员工表现不佳，需要处理，该怎么办<br>• 如果您怀疑存在严重违反行为准则的情况，该怎么办<br>• 如果识别合作伙伴有困难怎么办<br>在上述任何一种情况中，"原则性谈判"都可以帮助多方利益相关者合作倡议通过谈判解决问题。原则性谈判的五个关键要素是<br>• 将人际关系从问题中剥离出来<br>• 关注利益（他们真正想要的），而非立场（他们对解决方案的设想）<br>• 准备多种选项，以便择一定为协议<br>• 坚持以客观标准为基础制定协议<br>• 制定谈判协议的最优替代方案（BATNA） |
| 可持续发展目标伙伴关系指南® | 提供了"故障排除"部分（工具5），以助力合作伙伴应对内部的伙伴合作挑战 |
| 10种威胁集体影响的隐患® | 明确了多方利益相关者合作倡议中经常出现的10个隐患，并就如何避免提供了指导：<br>• 战略摇摆不定<br>• 文化飘忽不一<br>• 对待工作组如同对待委员会<br>• 缺乏透明度<br>• 用人不当<br>• 缺乏问责机制<br>• 资助者与政治力量过度干预<br>• 管理关系网如同管理组织<br>• 时间框架不完善<br>• 缺乏灵活的领导<br>作者分享了三个经验教训，以帮助避免这些隐患：1）战略指导明确、承诺明确；2）形式服从功能；3）战略基于文化 |

# 模块 4　明确指导方针和行动方案

## 构建共同愿景的工具

| 工具 | 描述 |
|---|---|
| 多方利益相关者伙伴关系指南：如何设计和促进多方利益相关者伙伴关系⑩ | 引入"愿景构想"工具，帮助合作者设定共同的方向和愿景，二者要足够广泛，以吸引广大利益相关者<br>该团队提出了一个愿景来回答"我们希望这段多方利益相关者伙伴关系在 5～10 年后会有怎样的结果？"<br>团队各成员在回顾了相关情况之后，对愿景中的元素展开了头脑风暴，这些元素各有名称，分为集群，供人共享。最终，所有元素都融进了一句关于愿景的话中，这句话更像一个机遇的集合，而非传统的愿景声明——愿景声明可能过于狭隘，过早地将人们排除在外 |
| FIT4FOOD2030 知识中心：走向可持续的粮食体系⑪ | 为愿景构想活动的运行提供指导 |
| 加速多方利益相关者程序：工具包⑫ | 提供五种构建共同愿景的工具：<br>• 变革工具的四个维度：理解、解释变革如何因倡议而产生，理解促进不同维度间互动的方式，并确定战略，使其与目标和预期变革协调一致<br>• 变革工具理论：构建一种变革理论，将思想和行动与预期变革和贡献联系起来<br>• 假设分析工具：了解用于设计和实施倡议的假设，并加以调整<br>• 假设风险分析工具：提前评估假设可能对干预措施产生的后果（风险分析）<br>• 假设评估框架：通过定期评估与贡献相关的一系列关键假设，来衡量贡献的成效 |

## 制定战略的工具

| 工具 | 描述 |
|---|---|
| 战略模块⑬ | 提出实施五项关键行动，这五项行动与战略的五个模块相关，如下：<br>• 向外看，发现威胁和机遇。为发现威胁和机遇，需要组建一支团队，且要排除那些可能抱有自满心理或执着于现状的人 |

（续）

| 工具 | 描述 |
| --- | --- |
| 战略模块 | • 向内看，盘点资源、能力和实践。盘点资源、能力和实践至关重要。只有组织中的人员和其他资源与战略协调一致，战略方能取得成功，而这一点常为人们所忽视<br>• 思考应对威胁和机遇的战略<br>• 寻找替代方案：一系列替代方案通常可以让战略更为稳妥<br>• 回顾所有已知信息，并挑战现有假设<br>• 寻找缺失的信息<br>• 与经验最丰富的人一起考量不同的战略选择<br>• 使战略保障活动良好"契合"。每个活动都必须相互促进，进而实现目标<br>• 统一认知。一旦制定了战略，就需要确保组织中的每个人都了解这一战略，知晓自身角色对于战略实施的重要性 |
| 战略钻石® | 战略包含五个维度，任何战略都必须具备的几个关键特征都涵盖在这五个维度之中，如下：<br>• 领域：我们要在哪个领域开展工作<br>• 手段：我们要如何达成目标<br>• 差异点：我们怎么在市场中胜出<br>• 顺序：我们的推进速度怎样，进展顺序如何<br>• 经济逻辑：我们要如何盈利 |
| 综合性选项递进式排序® | 是指导组织在其运营环境中成功的管理模式<br>战略是个综合协调的集合，包含五个要素，如下：<br>• 愿景（我们如何理解成功）<br>• 我们要在哪个领域开展工作<br>• 我们要如何取得成功<br>• 成功所需的核心能力是什么<br>• 需要哪些管理系统来支持核心能力<br>该模型指出，这五个要素相辅相成，因此如果任何一个选择不契合，则所有其他要素都需要接受检查，以确保战略取得成功 |
| SWOT 分析® | SWOT 分析是种战略规划技术，可为个人或组织明确与商业竞争或项目规划相关的优势、劣势、机会和威胁。SWOT 分析有时被称为情境评估或情境分析 |
| 变革理论框架 | 概括了预期变革和实现预期变革所需采取的行动。变革理论框架若运用得当，可以为战略制定、持续完善和利益相关方参与提供支持。变革理论通常以合乎逻辑的方式描述输入、过程、产出和结果之间的相关性和相互关系。在多方利益相关者伙伴关系中，许多行动通常都有助于实现预期变革，且这些行动的推动作用将会留下长期影响。在为某段多方利益相关者伙伴关系寻找可做出的独特贡献时，花时间探索实现变革的不同路径是有益且重要的。Hivos 变革理论逐步方案®与瓦赫宁根大学及研究中心变革理论指南®有利于开展多方利益相关者合作倡议 |

# 将战略规划转化为行动的工具

| 工具 | 描述 |
| --- | --- |
| 粮食体系转型合作框架<sup></sup> | 列出了制定旨在实现可持续粮食体系的行动计划的步骤，该计划应与多方利益相关者平台内粮食体系评估结果和讨论结果保持一致<br>步骤如下：<br>• 选出优先领域<br>• 明确期望和 SMART（即具体、可量化、可实现、切合实际和有时限的）目标<br>• 选择政策和干预措施<br>• 批准可持续粮食体系行动计划 |
| 多方利益相关者伙伴关系指南：如何设计和促进多方利益相关者伙伴关系<sup></sup> | 引入了情景规划工具，依据独立变革驱动力对组织的未来做出预测。情景规划工具会基于不确定性因素和不同情景进行分析，激发创造力和前瞻思维<br>情景规划可遵循的指导原则如下：<br>• 明确驱动力<br>• 明确关键不确定性因素<br>• 设想一系列可能的情景<br>• 讨论可能的后果 |
| 必胜战斗模型<sup></sup> | 提出明确五个对组织而言至关重要的挑战，即"战斗"。这些将要优先应对的"战斗"必须具备五个特征，如下：<br>• 产生实实在在的效果<br>• 以市场为中心（或以环境为中心）<br>• 激发积极性<br>• 具体明确<br>• 力所能及 |
| 筛选优先领域模型<sup></sup> | 指出目标、资源和时间这三个关键变量相互关联，其中最重要的是资源，只有资源充足，才能给定时间内达成特定目标。该模型包括创建矩阵，列入需要考虑的各项倡议，还需要组织指定实现相关目标所需的资源（时间和金钱）。通过明确如何才能在可用时间内最有效地分配现有资源，便可以明确各个倡议的优先度。最终，会在矩阵的基础上形成一份战略文件，帮助团队协调一致，避免分歧 |
| 综合可持续发展目标（iSDG）模型<sup></sup> | 是一种政策模拟工具，旨在帮助决策者和其他利益相关方进行战略政策决策。该模型专用于整合不同领域的政策干预措施，聚合其对可持续发展目标的影响。模型最初以对（粮食）体系（或任何其他体系）的参与式分析为基础。还有许多其他的建模工具，例如 ComMod：同伴建模法，适用于集体决策 |

（续）

| 工具 | 描述 |
|------|------|
| 时间管理建议⑳ | 概述了成功时间管理所需的三项专用技能，如下：<br>• 认知：对时间进行现实的考量，意识到时间是种有限的资源<br>• 组织：设计并组织目标、计划、时间表和任务，以有效利用时间<br>• 适应：在开展行动的同时控制时间的使用，包括调整时间安排以应对工作中断和调整各事项的优先程度 |
| 有利于森林的农业商品合作行动机制⑳ | 回顾了四份关于影响的简报，这些简报阐述了多方利益相关者在平台工作中应用的合作机制，涉及巴拉圭、印度尼西亚和利比亚三国的大豆、牛肉和棕榈油产业 |

## 参与式监测、评估和学习的工具

| 工具 | 描述 |
|------|------|
| 有效合作行动指南⑳ | 提出了"变革信号"框架这一定性手段，以跟踪与个体或集体的转型过程相关的早期信号。该框架有助于我们获取定性结果，记录采用核心实践的情况，确定对总体愿景和目标的贡献，是一种明确并记录全局性变革进展的方式。在这些信号出现时加以识别，有助于持续推进变革、接收反馈、明确方向，展示工作当前对个人、社区和体系的影响。"变革信号"框架这一自我评估工具，不仅对反思和适应性行动有所启发，还通过设定基准和随时间推移记录进展的方式，加强了问责，有利于达成有效合作行动 |
| 加强多方利益相关者平台的有效性⑳ | 提供了现成可用的指导方针，可指导对多方利益相关者合作倡议及其有效性的评估。对于大多数多方利益相关者合作倡议，现有的能力、数据和证据足以落实这些指导方针 |
| 粮食政策委员会自我评估工具：开发、测试和结果⑳与粮食政策能力评估工具包⑳ | 提供了一种方法，可用以评估粮食政策委员会的工作和成员对委员会的看法，角度包括领导力、主动参与程度、委员会氛围、委员会结构、知识共享、相互关系、成员赋权、社区背景、协同合作和对粮食体系的影响 |
| 我们的工作进展如何？一个旨在对您的多方利益相关者论坛的程序、进展和优先事项进行反思的工具⑳ | 提供了一种简单的工具，可对多方利益相关者论坛进行参与式、反思性自我监测。该工具的目的并不仅是对各项指标进行简单评估，或邀请参与者展开讨论，并在讨论的基础上进行反思，更是回顾过去，吸取教训，思考进一步推进的有利和不利因素，共同规划如何在未来达成多方利益相关者论坛制定的目标 |

（续）

| 工具 | 描述 |
| --- | --- |
| 伙伴合作工具包：提升国际农业发展基金（IFAD）伙伴关系的实用工具⑨ | 明确了九个关键标准和相关问题，用以检查一段合作伙伴关系的健康状况，如下：<br>• 目的：我们伙伴合作的目标和价值观是否清晰，是否获得一致认可，是否切合实际<br>• 结果：我们是否让伙伴关系达成了预期中的结果和影响<br>• 价值：我们是否因参与伙伴关系而获益<br>• 治理：角色、职责和工作流程是否获得明确认同，是否清楚记录在册，是否正在落地执行<br>• 领导：对伙伴关系的领导是否有效、灵活，且能及时调整<br>• 参与：伙伴组织决心是否坚定，参与是否充分，是否抱有信任<br>• 资源：是否有足够的财力、人力和设施让伙伴关系达到预期<br>• 公平：伙伴关系是否公平、透明并对所有合作伙伴负责<br>• 程序：沟通、规划、团队建设、会议和监控的程序是否充分有效 |
| 可持续发展目标伙伴关系指南⑧ | 是检查伙伴关系健康状况的工具，可检查伙伴关系是否"健康"，确定需要加以讨论和提升的方面；还是价值评估框架，可评估多方利益相关者合作倡议的价值和成本 |
| 粮食体系转型合作框架协议⑩ | 提供了一份参考清单，用于粮食体系政策的制定和实施，其中有针对粮食体系多方利益相关者平台的特定部分，涵盖领导、包容的委员会氛围、活跃成员数量、成员赋能、知识、全局性方案和已预见的影响 |
| 作为体系变革媒介的多方利益相关者平台⑪ | 说明了多方利益相关者合作倡议如何能更好地利用现有以及新的证据和程序，来评估自己在体系变革中所扮演的角色。该指南包含了四个评估有效性的步骤，以及六项将之付诸实践的提示和经验教训<br>四个步骤：<br>• 明确针对有效性的问题<br>• 提出或完善变革理论<br>• 寻找证明有效性或差距存在的证据<br>• 明确各方贡献<br>六项提示：<br>• 参与<br>• 战略内嵌：以所知信息指导战略<br>• 反复修正变革理论<br>• 与资助方接洽<br>• 全球-国家-地方变革理论：应用多层次的变革理论<br>• 监测意外后果 |

（续）

| 工具 | 描述 |
|---|---|
| 创建地方粮食政策委员会：一份针对密歇根州社区的指南⑩ | 提出了几种评估多方利益相关者干预措施的工具，如下：<br>• 在线工具 RE－AIM，用于评估干预措施对个人和社区的影响，涉及干预措施的范围、有效性、采纳、实施、维护和背景因素。RE－AIM 在项目的规划阶段、实施阶段或评估阶段均可使用<br>• 随机时刻采样，是一种通过进行多次点调查，快速评估工作是否已经取得成效的评估方法<br>若多方利益相关者合作倡议缺乏时间或资金，不足以进行更加具体的评估，则可用二级数据源对某一干预措施的影响进行评估。具体情况不定，由二级数据源得出的结果可能并非由多方利益相关者倡议导致 |
| 项目评估框架⑪ | 包括六个相互关联的步骤，即接洽利益相关方、梳理项目、细化评估设计、收集可靠证据、论证结论、落实评估建议和分享经验教训 |
| 选择评估的方法和程序⑫ | 提供了一系列评估方法，并为如何选择方法和程序提供了指导 |
| 严格、基于科学的监测框架⑬ | 为全面监测议程确立了结构，议程涵盖五个主题方面，即饮食、营养和健康，环境和气候，生计、贫困和平等，治理和适应力，以及可持续性，还囊括了五个方面之下的细化指标。用于分析粮食体系运行和问责情况的指标，应该通过包容性的过程选出 |
| 发展成果规划、监测和评估手册⑭ | 可用于监测、规划和评估。有助于多方利益相关者倡议了解监测在检验各项目运行状况中的关键作用，并引导项目实施向着预期结果迈进 |
| 联合国发展援助框架（UN-DAF）伙伴指南：监测与评估⑮ | 为联合国系统提供了实用的步骤和工具，以在联合国发展援助框架内采用综合的监测与评估方案。列举并详述了对倡议监测与评估进行规划的基本步骤，回顾了指标、基准线、目标等关键概念，并为创设指标提供了提示，而这些指标将被输入资源和结果矩阵 |
| 粮食体系转型合作框架⑯ | 提供了有关《联合国 2030 年可持续发展议程》指标的建议，这些指标可直接或间接地支持对可持续粮食体系政策成果的监测（附录 2） |
| 《米兰城市粮食政策公约》（MUFPP）监测框架⑰ | 以在三个试点城市的经验为基础，为公约的落实和监测提供了一系列工具。三个试点城市分别为马达加斯加首都塔那那利佛、肯尼亚首都内罗毕和厄瓜多尔首都基多。框架提供了一份说明书、44 项指标的指导方针，以及用于在研讨会或规划讨论中使用的资源 |

70

（续）

| 工具 | 描述 |
|---|---|
| 多方利益相关者伙伴关系指南：如何设计和促进多方利益相关者伙伴关系[⑪] | 明确了有效多方利益相关者合作应该具备的七项原则，第七个是促进参与式学习，为此需创造学习环境，这些环境既要安全，又要足够有挑战性，足以激励人们进行创新性、创造性的思考。作者们建议使用反思工具，因为如果参与者能对团队工作进行反思，并将团队工作与日常工作联系在一起，那么参与者们的参与度便会得到加强<br>关于此话题，可以参阅《培训者和促进者反思方法实用指南》[⑫] |
| FIT4FOOD2030 知识中心：走向可持续的粮食体系[⑬] | 建议使用动态学习议程（DLA），这是一种在行动中促进反思性学习的方法，通过分析阻碍、机遇以及学习问题的形成，应对复杂难解的变革程序，以便进行粮食体系转型 |
| 促进多方利益相关者程序：工具包[⑭] | 提供了五种工具，供参与方进行反思和学习。如下：<br>• 变革工具的实施：明确以变革为导向的举措中的需要改进的地方<br>• 反思性实践工具的四法：对各行动进行反思，找到提升专业度和改善组织运行状况的各种方法<br>• 学习和变革导航图：对如何优化倡议做全面的了解，并根据新出现的变化对倡议进行调整<br>• 指标清单：检查倡议的监测与评估系统的包容度和参与度<br>• 贡献评估框架：通过定期测量一组与贡献相关的指标，评估干预措施的成效<br>还为每个章节提出了一系列集体学习问题，包括系统思维、利益相关者参与、共同愿景、多方利益相关者治理、学习和变革，以及推进多方利益相关者对话 |

# 模块 5 确保合作可持续

## 多方利益相关者合作融资的工具

| 工具 | 描述 |
|---|---|
| 为粮食政策委员会融资：现场故事[⑮] | 对与任何多方利益相关者合作行动有关的融资提供具体建议：<br>• 从多个角度（健康、环境、社区发展等）吸引资助者，以获得最大限度的支持<br>• 与有关联但较弱的优先领域的资助者取得联系<br>• 向多个政府机构或基金会申请小额资金，以多样化融资支持<br>• 了解哪些粮食体系问题最能引起目标受众的共鸣 |

（续）

| 工具 | 描述 |
| --- | --- |
| 为粮食政策委员会融资：现场故事 | • 展示成效，为您的委员会吸引更多资源<br>• 与其他多方利益相关者合作倡议合作，减少重复工作<br>• 扩大县级或其他司法管辖范围内的倡议，以便获得州级或地区级资助，同时加强政策合作和体系变革<br>• 拓展职位可以在建立利益相关者团体网络，以及为粮食体系政策变革吸引支持两方面发挥巨大作用<br>• 有些资助者对政策、倡议和制度变革感兴趣，有时他们会推动多方利益相关者合作倡议的启动<br>• 依照其他社区团体和联盟的成功案例，进行资金流转<br>• 借助学术合作伙伴的支持，助力研究，为合作和其他委员会行动提供资金 |
| 履行好粮食政策委员会的职责：开发与行动指南⑧ | 展示了一个粮食政策委员会预算的案例，其中包含一些需要考量的基本预算项目，如下：<br>收入，无论是来自基金会、政府、特殊活动、捐赠还是合作项目的款项，都应计算在内<br>支出，所包含部分可能因情况而异，但应涵盖：<br>• 工作人员（协调人员、促进人员、外部顾问、联络人员等）<br>• 办公用品、电话费、文印费（打印和复印）<br>• 差旅<br>• 培训（培养工作人员和其他参与人员的软硬技能）<br>• 会议用品及其他辅助用品（茶点、文具等）<br>• 出版物（编辑、排版、印刷）<br>• 监测与评估报告<br>• 固定支出<br>此外，还应列入预估每日津贴这一预算项目，以此补贴那些财力最不足，以致无法负担所需费用的参与者，以支持他们参与 |
| 实践指南：确保多方利益相关者平台长期可持续发展⑮ | 提供一份选项清单，以在初始捐助者资助结束后，为多方利益相关者伙伴关系谋求长期融资。选项中包括自愿捐款、稳定的政府资助、费用或出口税。将其中几个选项组合起来，便形成了一份资金充足的方案，可以确保多方利益相关者伙伴关系可以持续融资 |

©粮农组织

# 附录2
## 模块评估指南

## 模块 1　促进多方利益相关者广泛参与

### 纳入不同的粮食体系利益相关者群体

**参阅指南中的第 1.1 节和附录 1，了解相关工具**

■ 多方利益相关者合作倡议中是否包括以下利益相关者群体？
- 公共部门
- 私营部门
- 生产者及其协会
- 其他粮食体系工作人员
- 民间组织
- 国际机构和伙伴
- 研究组织和知识型组织
- 媒体

■ 您是否已将边缘群体和未受充分代表的群体纳入到多方利益相关者合作倡议之中？您是否安排了补充程序，持续检查是否有遗漏的利益相关者，并将其纳入？

■ 您是否已将所有相关部门（农业、营养、健康、环境、金融等）的利益相关者纳入到多方利益相关者合作倡议之中？

■ 您是否已经获得了高层的政治支持？

### 了解并分析利益相关者

**参阅指南中的第 1.2 节和附录 1，了解相关工具**

■ 您是否已经对利益相关者进行了绘图和分析？

## 模块 2　确保充分了解粮食体系

### 粮食体系评估的特点和目标

**参阅指南中的第 2.1 节和附录 1，了解相关工具**

■ 您是否站在粮食体系的角度分析问题？

■ 分析问题时是否考虑到了社会、环境和经济可持续性层面？

74

■ 您是否已经同当前粮食体系现有的机构合作，对政策和倡议进行了分析？

■ 评估中包含哪些类型的知识（是否不仅包含科学知识，还包含本地知识和土著居民的知识）？

■ 您在评估中是否对潜在干预措施的相互减损和增益进行了分析，并在此基础上提出了有关优先或焦点领域和政策应对的建议？

■ 您是否已以提出更现实的干预措施为落脚点，分析了谁可能支持改变现状，谁又有可能反对改变现状？

■ 您是否已对潜在的相互减损和增益进行了分析？

## 对粮食体系进行绘图和分析

**参阅指南中的第2.2节和附录1，了解相关工具**

■ 您是否已经对粮食体系进行了绘图和分析？用于评估粮食体系的工具和方法数量众多。以下四个方面有助于区分如何细化分析和使用哪些工具。

■ 您需要进行定量分析还是定性分析？或者两者都有？

■ 需要多详细？

■ 覆盖范围：是否要关注城市级而非国家级的粮食体系？

■ 您希望或需要利益相关者在绘图分析中有哪种程度的参与？

# 模块3 促成包容有效的合作

## 多方利益相关者合作的治理结构

**参阅指南中的第3.1节和附录1，了解相关工具**
**开启进程**

■ 您是否已明确了谁是拥护者，是否已澄清了发起倡议的原因，是否已做了初步的情境分析？

■ 在分析中，您是否已考虑到了有关的其他多方利益相关者合作倡议，是否已思考过与这些倡议之间的最优关系是怎样的？
**治理体系**

■ 您是否已建立了运作良好的治理结构（包括指导委员会、秘书处、工作组等）？

■ 您用于指导决策、协调行动，实现利益相关者共同利益的模式（程序、规则、结构）是否得到了一致认同？

■ 您是否已确保弱势群体和少数群体在各级得到了公平代表？

■ 您是否已建立了机制，使所有利益相关者都能够在平等的基础上贡献力量？

## 合作的关键要素：促进和沟通

**参阅指南中的第 3.2 节和附录 1，了解相关工具**

**促进者的关键作用**

■ 您是否已对促进行动和开展这些行动所需的技能做了区分？

■ 是否将不同的角色，按其所需技能，分配给了具体的人员或组织？

**确保沟通有效**

■ 你有沟通战略和沟通计划吗？

■ 是否所有利益相关者都可以使用各种沟通渠道？使用的表述方式，无论对内还是对外，是否都迎合了背景不同的各个利益相关者？

## 多方利益相关者合作具有挑战性的一面：应对权利不平等和矛盾

**参阅指南中的第 3.3 节、第 3.4 节和附录 1，了解相关工具**

**应对权力差异**

■ 您了解权力差异会如何影响多方利益相关者合作倡议的有效性吗？

■ 您是否掌握减轻此类差异的办法？

■ 您是否设计了不同的方式：

• 承认并明确不同类型的权力？

• 采用巩固权力结构的程序，防止出现权力差异？

• 是否有意识地通过多方利益相关者合作倡议的基础支撑结构和程序来解决权力不平等？

**为多方利益相关方合作培养能力和技能**

■ 多方利益相关者合作倡议是否具备成功执行某些技术性或战略性任务所需的相关知识、技能和能力？

■ 是否制定了计划，以通过经验和雇佣具有特定能力的人才来平衡学习？

## 应对多方利益相关者合作的利益分歧、矛盾以及共同挑战

**参阅指南中的第 3.3 节、第 3.4 节和附录 1，了解相关工具**

**应对利益分歧和矛盾**

■ 您对用建设性的方法应对矛盾有多少准备？

**应对共同挑战**

■ 每一项多方利益相关者合作倡议都将面临挑战；您有应对之策吗？

# 模块 4  明确指导方针和行动方案

## 建立共同愿景和战略的重要性

**参阅指南中的第 4.1 节和附录 1，了解相关工具**

■ 多方利益相关者合作倡议是否有共同愿景？共同愿景是通过公开对话和辩论制定出的吗？

■ 是否有战略或长期行动方案，以阐明要怎样实现多方利益相关者合作倡议的愿景，以及通过何种方式实现愿景？

■ 您是否已建立程序，将愿景和战略视作可变元素，需要依据进展在之后阶段进行调整？

## 将战略规划转化为行动

**参阅指南中的第 4.2 节和附录 1，了解相关工具**

■ 您是否有明确的目标（即 SMART 目标）以及实现这些目标的一套措施和工具？

■ 您是否有一个明确的机构框架，即参与方与协调机制，是否有供该机构框架运作、实行和监测的资金来源？

■ 您是否正在考虑开展可能需要大笔投资的初次试点行动？

■ 您是否有权随时间推移对行动计划进行审查，并叫停任何导致负面后果的行动？

## 参与式监测、评价和学习

**参阅指南中的第 4.3 节和附录 1，了解相关工具**

■ 您是否已为监测与评估（M&E）分配了资源、作出了具体安排，确保利益相关者参与到监测与评估过程的每一步？

■ 您是否已与利益相关者会面并确定成效指标：您需要哪些信息来判断行动是否已经成功？

■ 是否已建立持续的学习程序来提炼并整合学习成果？

# 模块 5  确保合作可持续

## 确保实现制度化

**参阅指南中的第 5.1 节和附录 1，了解相关工具**

■ 您是否已思考过不同多方利益相关者合作倡议治理模式的优缺点？

■ 您是否已根据当地法律构思过可能的法律手段？

■ 无论治理模式如何，您是否已取得了政府的支持，使多方利益相关者合作倡议获得法律层面的批准？

## 为多方利益相关者提供合作融资

**参阅指南中的第 5.2 节和附录 1，了解相关工具**

■ 多方利益相关者合作倡议是否有预计足够运作五年的预算？

■ 是否已成立了一个筹款团队，以获取所需的资金？

■ 是否已就接洽哪些捐助者或资金来源达成集体决议？

■ 多方利益相关者合作倡议的资金来源是否多样化？

REFERENCES 参考文献

1. Müller A and Sukhdev P. *Measuring What Matters in Agriculture and Food Systems*：*A Synthesis of the Results and Recommendations of TEEB for Agriculture and Food's Scientific and Economic Foundations Report*. Geneva：United Nations Environment Programme；2018. Available from：https：//teebweb. org/our‐work/agrifood/reports/measuring‐what‐matters‐synthesis.

2. Hawkes C and Parsons K. *Rethinking Food Policy*：*A Fresh Approach to Policy and Practice. Brief 1*：*Tackling Food Systems Challenges*：*The Role of Food Policy*. London：City University of London；2019. Available from：www. city. ac. uk/__data/assets/pdf_ file/0005/570443/7643_Brief‐1_Tackling‐food‐systems‐challenges_the‐role‐of‐food‐policy_WEB_SP. pdf.

3. High‐Level Panel of Experts on Food Security and Nutrition. *Food Losses and Waste in the Context of Sustainable Food Systems*. Rome：Food and Agriculture Organization of the United Nations；2014. Available from：www. fao. org/3/i3901e/i3901e. pdf.

4. United Nations. Food Systems Summit；2021. Available from：www. un. org/en/food‐systems‐summit.

5. United Nations. *Global Sustainable Development Report 2019*：*The Future Is Now‐Science for Achieving Sustainable Development*. Independent Group of Scientists Appointed by the Secretary‐General. New York；2019. Available from：https：//sustainabledevelopment. un. org/content/documents/24797GSDR_report_2019. pdf.

6. Food and Agriculture Organization of the United Nations. *Reviewed Strategic Framework*. Rome；2013. Available from：https：//www. fao. org/3/mh104e/mh104e. pdf.

7. Batchelor C, JippeH, FauresJM and Peiser L. *Water Accounting and Auditing*：*A Sourcebook*. Rome：Food and Agriculture Organization of the United Nations；2016. Available from：www. fao. org/policy‐support/tools‐and‐publications/resources‐details/en/ c/1395514.

8. Food and Agriculture Organization of the United Nations and World Agroforestry Centre. *Accelerating Impact Through Cross‐Sectoral Coordination at the Country Level. Implementing 2030 Agenda for Food and Agriculture*. Rome；2017. Available from：www. fao. org/publications/card/en/c/9e27cef0‐8e4a‐4c59‐986b‐5bd1b12c724c.

9. High – Level Panel of Experts on Food Security and Nutrition. *Multi – stakeholder Partner-ships to Finance and Improve Food Security and Nutrition in the Framework of the 2030 Agenda*. Rome：Food and Agriculture Organization of the United Nations；2018. Available from：www. fao. org/3/CA0156EN/CA0156en. pdf.

10. United Nations Environment Programme. *Collaborative Framework for Food Systems Transformation. A Multi – stakeholder Pathway for Sustainable Food Systems*. Nairobi；2019. Available from：www. oneplanetnetwork. org/sites/default/files/from – crm/un – e_ collaborative_framework_for_food_systems_transformation_final. pdf.

11. Food and Agriculture Organization of the United Nations，International Fund for Agricultural Development，UNICEF，World Food Programme and World Health Organization. *The State of Food Security and Nutrition in the World 2022：Repurposing Food and Agricultural Policies to Make Healthy Diets More Affordable*. Rome；2022. Available from：https：//doi. org/10. 4060/cc0639en.

12. Food and Agriculture Organization of the United Nations. *The State of Food and Agriculture 2019. Moving Forward on Food Loss and Waste Reduction*. Rome；2019. Available from：www. fao. org/3/ca6030en/ca6030en. pdf.

13. United Nations Environment Programme. *Food Waste Index Report 2021*. Nairobi；2021. Available from：www. unep. org/resources/report/unep – food – waste – index – report – 2021.

14. United Nations. *World Population Prospects 2022：Summary of Results*. New York：Department of Economic and Social Affairs，Population Division；2022. Available from：www. un. org/development/desa/pd/sites/www. un. org. development. desa. pd/files/ wpp2022_summary_of_results. pdf.

15. Organisation for Economic Co – operation and Development and Food and Agriculture Organization of the United Nations. *Agricultural Outlook 2019 – 2028*. Paris and Rome；2019. Available from：https：//doi. org/10. 1787/agr_outlook – 2019 – en.

16. Ritchie H，Rosado P and Roser M. Environmental impacts of food production. Our World in Data；2020. Available from：https：//ourworldindata. org/environmental – impacts – of – food.

17. Crippa M，Solazzo E，Guizzardi D，Monforti – Ferrario F，Tubiello FN and Leip A. Food systems are responsible for a third of global anthropogenic GHG emissions. 2021；*Nature Food* 2(3)：198 – 209. Available from：www. nature. com/articles/s43016 – 021 – 00225 – 9.

18. United Nations Framework Convention on Climate Change. The Paris Agreement. Paris；2015. Available from：https：//unfccc. int/process – and – meetings/the – paris – agreement/the – paris – agreement.

19. Food and Agriculture Organization of the United Nations. *Promoting the Role of Small Food Enterprises in the Transformation of Rural Communities*. Workshop Report.

Rome; 2017. Available from: www. fao. org/publications/card/en/c/2163db54 - aac5 - 4ab0 - 8410 - 05588609697e.

20. De Schutter O. The political economy of food systems reform. *European Review of Agricultural Economics*. 2017; 44(4): 705 - 731. Available from: https://doi. org/10. 1093/erae/jbx009.

21. Food and Agriculture Organization of the United Nations, International Fund for Agricultural Development, UNICEF, World Food Programme and World Health Organization. *The State of Food Security and Nutrition in the World 2021: Transforming Food Systems for Food Security, Improved Nutrition and Affordable Healthy Diets for All*. Rome; 2021. Available from: https://doi. org/ 10. 4060/cb4474en.

22. World Bank. *Future of Food: Shaping the Food System to Deliver Jobs*. Washington, D. C.; 2017. Available from: https://documents. worldbank. org/en/publication/ documents - reports/documentdetail/406511492528621198/future - of - food - shaping - the - food - system - to - deliver - jobs.

23. Unpublished estimates from Food and Agriculture Organization of the United Nations and the International Food Policy Research Institute, based on International Labour Organization. *COVID - 19 and the World of Work. Third Edition*. ILO Monitor. Geneva; 2020. Available from: www. ilo. org/wcmsp5/groups/public/@ dgreports/@ dcomm/ documents/briefingnote/wcms_ 743146. pdf. ILO extrapolation scenario. Not annualized. Jobs represent formal employment; livelihoods cover a broad array of self - employed, informal, migrant and seasonal labour.

24. UN Food Systems Coordination Hub. Member States Dialogue Convenors and Pathways. Rome; 2023. Available from: www. unfoodsystemshub. org/member - state - dialogue/en.

25. United Nations Development Programme. *A Guide to Effective Collaborative Action: Deep Collaboration for Systemic Change in Food and Agricultural Commodity Systems*. New York; 2022. Available from: www. undp. org/publications/guide - collaborative - action - deep - collaboration - systemic - change - food - and - agricultural - commodity - systems.

26. Food and Agriculture Organization of the United Nations. *Strengthening Civic Spaces in Spatial Planning Processes*. Governance of Tenure Technical Guide No. 12. Rome; 2020. Available from: https://doi. org/10. 4060/cb0 422en.

27. United Nations Development Programme. *Palm Oil, Pineapples and Partnerships: Impact and Lessons from a Decade of Transforming Agricultural Commodities*. New York; 2021. Available from: www. undp. org/publications/palm - oil - pineapples - and - partnerships - impact - and - lessons - decade - transforming ♯ modal - publication - download.

28. Brouwer JH，Hemmati M and Woodhill AJ. Seven principles for effective and healthy multi－stakeholder partnerships. *ECDPM Great Insights Magazine*. 2019；8（1）. Available from：https：//ecdpm. org/great－insights/civil－society－business－same－direction/seven－principles－effective－multi－stakeholder－partnerships.

29. Ilie ET and Radosevic S. *Routes to the Institutionalization of New Industrial Policies in Less Developed Countries：Evidence from the Smart Specialization Programme in Serbia and Moldova*；unpublished manuscript.

30. Food and Agriculture Organization of the United Nations. *Inclusive Business Models for the Integration of Smallholders into Agrifood Value Chains*. Agroindustry Policy Brief. Rome；2015. Available from：www. fao. org/3/i5 101e/i5 101e. pdf.

31. Kelly S，Vergara N and Bammann H. *Guidelines for Improving Linkages Between Producer Groups and Buyers of Agricultural Produce*. Rome：Food and Agriculture Organization of the United Nations；2015. Available from：www. fao. org/publications/card/en/c/1b8e4cb1－d29f－45f7－b331－3655507cf466.

32. Ilie ET and Kelly S. *The Role of Small and Medium Agrifood Enterprises in Food Systems Transformation：The Case of Rice Processors in Senegal*. Rome：Food and Agriculture Organization of the United Nations；2021. Available from：https：//doi. org/10. 4060/CB3873EN.

33. KellyS and Ilie ET. *Engaging with Small and Medium Agrifood Enterprises to Guide Policy Making：A Qualitative Research Methodological Guide*. Rome：Food and Agriculture Organization of the United Nations；2021. Available from：https：//doi. org/10. 4060/cb4179en.

34. Ilie ET，Hickey A and Kelly S. *The Role of Small and Medium Agrifood Enterprises in Rural Transformation：The Case of Rice Processors in Kenya*. Rome：Food and Agriculture Organization of the United Nations；2022. Available from：https：//doi. org/10. 4060/CB8953EN.

35. United Nations Environment Programme. *Food Systems and Natural Resources*. Nairobi；2016. Available from：www. resourcepanel. org/reports/food－systems－and－natural－resources.

36. Stibbe D and Prescott D. *The SDG Partnership Guidebook：A Practical Guide to Building High－impact Multi－stakeholder Partnerships for the Sustainable Development Goals*. Oxford：The Partnering Initiative；2020. Available from：www. thepartneringinitiative. org/wp－content/uploads/2020/07/SDG－Partnership－Guidebook－1. 0. pdf.

37. Prescott D and Stibbe D. *Unleashing the Power of Business：A Practical Roadmap to Systematically Engage Business as a Partner in Development*. Oxford：The Partnering Initiative；2015. Available from：www. thepartneringinitiative. org.

38. Organisation for Economic Co－operation and Development. *Private Sector Peer*

*Learning Policy Brief 1. The Holistic Toolbox for Private Sector Engagement in Development Cooperation.* Paris; 2016. Available from: www. oecd. org/dac/peer – reviews/1 – Holistic – Toolbox – for – Private – Sector – Engagement – in – Development – Co – operation. pdf.

39. International Fund for Agricultural Development. *Partnering Toolkit: Practical Tools for Strengthening IFAD's Partnerships.* Rome; 2021. Available from: https: //edepot. wur. nl/545231.

40. Lowder S, Sánchez M and Bertini R. Which farms feed the world and has farmland become more concentrated? *World Development.* 2021; 142: 105455. Available from: https: //doi. org/10. 1016/j. worlddev. 2021. 105455.

41. CERES 2030. *Ending Hunger Sustainably: The Role of Gender.* Background Note. Boston; 2020. Available from: https: //ceres2030. iisd. org/wp – content/uploads/2020/ 08/ceres2030 – en – background – note – ending – hunger – sustainably – the – role – of – gender. pdf.

42. Yoke Ling C and Adams B. *Farmers' Right to Participate in Decision – making – Implementing Article 9. 2(c)of the International Treaty on Plant Genetic Resources for Food and Agriculture.* Bonn: APBREBES; 2016. Available from: www. twn. my/ announcement/PE_farmers%20right_9 – 16_def – high. pdf.

43. Reardon T. The hidden middle: The quiet revolution in the midstream of agrifood value chains in developing countries. *Oxford Review of Economic Policy.* 2015; 31(1): 45 – 63. Available from: https: //doi. org/10. 1093/oxrep/grv011.

44. Food and Agriculture Organization of the United Nations. *Developing Gender – sensitive Value Chains. Guidelines for Practitioners.* Rome; 2018. Available from: www. fao. org/ policy – support/tools – and – publications/resources – details/en/c/1140290.

45. Herens M, Pittore K and Oosterveer P. Transforming food systems: Multi – stakeholders platforms driven by consumer concerns and public demands. *Global Food Security.* 2022; 32: 100592. Available from: https: //doi. org/10. 1016/j. gfs. 2021. 100592.

46. Article 19, International Institute for Environment and Development and Hivos. *Sustainable Diets for All. Report of the Zambia Country Case Study. End – term Evaluation of the Sustainable Diets for All Program Implemented by Citizen Agency Consortium.* The Hague; 2020. Available from: https: //hivos. org/assets/2020/08/ETE – SD4All – Zambia – final – report. pdf.

47. CUTS International. *The Lusaka Food Security Initiative.* Lusaka; 2020. Available from: https: //cuts – lusaka. org/pdf/policy – brief – the – lusaka – food – security – initiative. pdf.

48. Lwizi G. Lusaka food policy council formed. *Zambian Business Times.* 20 March; 2020. Available from: https: //zambianbusinesstimes. com/lusaka – food – policy – council –

83

formed.

49. CUTS International. Food Policy Council and Food Systems Lab Workshop. Press statement. 20 May；2021. Available from：www. facebook. com/CUTSLusaka/posts/food － policy － council － and － food － systems － lab － workshopstatement － 1st － june － 2021on － wedne/1733157410220009.

50. Zulu J. CUTS International. Personal communication with J Halliday. RUAF；2020.

51. Hivos and One Planet Network Sustainable Food Systems Programme. *The Zambian Food Change Lab：Jointly Identifying Solutions to Zambia's Food Systems Challenges*；n. d. Available from：www. oneplanetnetwork. org/sites/default/files/hivos_zambia_case_ study_opn_sfs_programme_l. pdf.

52. Termeer CJ，Drimie S，Ingram J，Pereira L and Whittingham MJ. A diagnostic framework for food system governance arrangements：The case of South Africa. *NJAS － Wageningen Journal of Life Sciences*. 2018；84：85 － 93. Available from：https：//doi. org/10. 1016/j. njas. 2017. 08. 001.

53. Halliday J. RUAF. Personal communication；2022.

54. Transnational Institute. *Multi － stakeholderism：A Critical Look*. Workshop Report. Amsterdam；2019. Available from：www. tni. org/en/publication/multi － stakeholderism － a － critical － look.

55. Food and Agriculture Organization of the United Nations. *Consumer Organizations and the Right to Adequate Food － Making the Connections*. Rome；2021. Available from：https：//doi. org/10. 4060/cb3685en.

56. Alliance of Bioversity &. International Center for Tropical Agriculture，United Nations Environment Programme and WWF. *National and Subnational Food Systems Multi － Stakeholder Mechanisms：An Assessment of Experiences*；2021. Available from：www. oneplanetnetwork. org/knowledge － centre/resources/national － and － sub － national － food － systems － multi － stakeholder － mechanisms.

57. Conseil National d'Alimentation. Participation citoyenne；2022. Available from：https：// cna － alimentation. fr/debats － citoyens[Accessed 24 May 2022].

58. Fuglie K，Gautam M，Goyal A and Maloney W. *Harvesting Prosperity：Technology and Productivity Growth in Agriculture*. Washington，D. C. ：World Bank；2020. Available from：http：//hdl. handle. net/10986/32350.

59. Tropical Agriculture Platform. *Common Framework on Capacity Development for Agricultural Innovation Systems*. Rome；2016. Available from：www. cabi. org/Uploads/ CABI/about － us/4. 8. 5 － other － business － policies － and － strategies/tap － synthesis － document. pdf.

60. Hivos. Why media matters to sustainable food in Zambia. 27 February；2017. Available from：https：//hivos. org/opinion/why － media － matters － to － sustainable － food － in －

zambia.

61. Zanella M. Is the Brazilian CONSEA a"multi – stakeholder process"or a platform for participatory politics? Food Governance; 2017. Available from: https://foodgovernance. com/governing – food – systems – in – a – multi – stakeholder – era – the – example – from – brazil.

62. RUAF and Hivos. Food Policy Councils. *Urban Agriculture Magazine*. 2019; 36. Available from: https://ruaf. org/document/urban – agriculture – magazine – no – 36 – food – policy – councils.

63. Moragues A. Los Consejos Alimentarios: Una herramienta municipalista para la transformacióndel sistema alimentario; 2016. Available from: www. soberaniaalimentaria. info/images/estudios/consejos – alimentarios – moragues – final – web. pdf.

64. Conseil du Système Alimentaire Montréalais. *Plan d'action intégré 2020 – 2022*. Montreal; 2020. Available from: https://csam. ca/wp – content/uploads/2020/09/Plan – daction – integre – 20 – 22 – CSAM_DocumentIntegral. pdf.

65. D'Alessandro C, Bizzotto Molina P, Dekeyser K and Rampa F. *Understanding and Managing Trade – offs in Food Systems Interventions: The Case of Nakuru County, Kenya*. Maastrict: ECDPM; 2021. Available from: https://ecdpm. org/download_file/ 147/1102.

66. Adapted from Food and Agriculture Organization of the United Nations and RUAF. *Assessing and Planning the City Region Food System: Lusaka, Zambia*. Rome; 2019. Available from: www. fao. org/3/ca6078en/CA6078EN. pdf.

67. Organisation for Economic Co – operation and Development. *Making Better Policies for Food Systems*. Paris; 2021. Available from: https://doi. org/10. 1787/ddfba4de – en.

68. Dalal – Clayton B and Bass S. *A Review of Monitoring Mechanisms for National Sustainable Development Strategies*. London: International Institute for Environment and Development; 2006. Available from: www. iied. org/sites/default/files/pdfs/migrate/ G02190. pdf.

69. Food and Agriculture Organization of the United Nations, United Nations Development Programme and United Nations Environment Programme. *A Multi – billion – dollar Opportunity: Repurposing Agricultural Support to Transform Food Systems*. Rome; 2021. Available from: https://doi. org/10. 4060/cb6562en.

70. One Planet Network Sustainable Food Systems Programme. *Towards a Common Understanding of Sustainable Food System*; 2020. Available from: www. oneplanetnetwork. org/sites/default/files/from – crm/sfs_programme_glossary_towards_ a_common_understanding_ of_sfs_2020. pdf.

71. Gusenbauer D and Franks P. *Agriculture, Nature Conservation or Both? Managing Trade – offs and Synergies in Sub – Saharan Africa*. London: International Institute for

Environment and Development；2019. Available from：https：//pubs. iied. org/14675iied.

72. Antle JM and Valdivia RO. Trade – off analysis of agri – food systems for sustainable research and development. *Q Open*. 2021；1（1）. Available from：https：//doi. org/10. 1093/QOPEN/QOAA005.

73. Aspenson A. "*True*" *Costs for Food Systems Reform*：*An Overview of True Cost Accounting Literature and Initiatives*. Baltimore：Johns Hopkins Center for Liveable Futures；2020. Available from：https：//clf. jhsph. edu/publications/true – costs – food – system – reform – overview – true – cost – accounting – literature – and – initiatives.

74. Posthumus H，BosselaarJ and Brouwer H. *The Food Systems Decision – Support Toolbox*. Wageningen：Wageningen Centre for Development Innovation；2021. Available from：https：//edepot. wur. nl/541410.

75. Food and Agriculture Organization of the United Nations. *City Region Food System Toolkit*. Rome，2023. Available from：https：//www. fao. org/in – action/food – for – cities – programme/toolkit/introduction/en/.

76. Jacobi J，Wambugu G，Ngutu M，Augstburger H，Mwangi V，Llanque A et al. Mapping food systems：A participatory research tool tested in Kenya and Bolivia. *Mountain Research and Development*. 2019；39（1）. Available from：https：//boris. unibe. ch/131554/1/Jacobi_2019_mapping. pdf.

77. CPRE. *Mapping Local Food Webs Toolkit*. London；2012. Available from：www. cpre. org. uk/resources/mapping – local – food – webs – toolkit – 2.

78. Brouwer JH，Woodhill J，Hemmati M，Verhoosel S and van Vugt SM. *The MSP Guide*：*How to Design and Facilitate Multi – stakeholder Partnerships*. Wageningen：Wageningen University and Research；2015. Available from：https：//edepot. wur. nl/358948.

79. Adam L，James T and Munyua Wanjira A. *Frequently Asked Questions About Multi – Stakeholder Partnerships in ICTs for Development*：*A Guide for National ICT Policy Animators*. Melville：Association for Progressive Communications；2007. Available from：www. apc. org/sites/default/files/catia_ms_guide_EN – 1. pdf.

80. Bargainer M，Eley M，Fogel J，Jakes S，Peery S，Prohn S et al. *Community – Based Food System Assessment and Planning*. Blacksburg：Virginia Tech；2018. Available from：www. pubs. ext. vt. edu/content/dam/pubs_ext_vt_edu/3108/3108 – 9029/CV – 88. pdf.

81. Coulby H. *A Guide to Multi – stakeholder Work. Lessons from The Water Dialogues*. The Water Dialogues；2009. Available from：https：//sswm. info/sites/default/files/reference_attachments/COULBY％202009％20A％20Guide％20to％20Multistakeholder％20Work. pdf.

82. Van der Meij M. *Food Lab Design*. Amsterdam：FIT4FOOD2030 Knowledge Hub；2020. Available from：https：//knowledgehub. fit4food2030. eu/wp – content/uploads/2020/

06/FIT4FOOD2030_Tool_FoodLabDesign. pdf.

83. Slocum R. Anti‐racist practice and the work of community food organizations. *Antipode*. 2006；38(2)：327‐349. Available from：https：//doi. org/10. 1111/J. 1467‐8330. 2006. 00582. X.

84. Allen BJ and Garg K. Diversity matters in academic radiology：Acknowledging and addressing unconscious bias. *Journal of the American College of Radiology*. 2016；13：1426‐1432. Available from：https：//doi. org/10. 1016/j. jacr. 2016. 08. 016.

85. Evans K，Monterroso I，Ombogoh D，Liswanti N，Tamara A，Mariño H et al. *Getting It Right：A Guide to Improve Inclusion in Multi‐stakeholder Forums*. Bogor：Center for International Forestry Research；2021. Available from：www. cifor. org/knowledge/ publication/7973.

86. Holtsclaw M. *Creating Local Food Policy Councils；A Guide for Michigan's Communities*；2011. Available from：https：//assets. jhsph. edu/clf/mod_ clfResource/doc/Creating％ 20Local％ 20Food％ 20％ 20Policy％ 20Councils％ 20A％ 20Guide％ 20％ 20for％ 20Michigans％20％20Communities. pdf.

87. Gray B and Purdy J. Designing multistakeholder partnerships. In：*Collaborating for Our Future：Multi‐stakeholder Partnerships for Solving Complex Problems*（Vol. 1）. Oxford：Oxford University Press；2018. Available from：https：//doi. org/10. 1093/ OSO/9780198782841. 003. 0005.

88. Turnhout E，Van Bommel S and Aarts N. How participation creates citizens：Participatory governance as performative practice. *Ecology and Society*. 2019；15(4)：26. Available from：https：//www. researchgate. net/publication/47864 406 _ How _ Participation _ Creates_Citizens_Participatory_Governance_as_Performative_Practice.

89. Turnhout E，Metze T，Wyborn C，Klenk N and Louder E. The politics of co‐production：Participation，power，and transformation. *Current Opinion in Environmental Sustainability*. 2020；42：15 ‐ 21. Available from：https：//doi. org/10. 1016/J. COSUST. 2019. 11. 009.

90. Arenas D，Albareda L and Goodman J. Understanding conflict in multi‐stakeholder initiatives：Corporate responsibility and deliberation. *Academy of Management Proceedings*. 2017；1：15086. Available from：https：//doi. org/10. 5465/AMBPP. 2017. 15086ABSTRACT.

91. Reypens C，Lievens A and Blazevic V. Hybrid orchestration in multi‐stakeholder innovation networks：Practices of mobilizing multiple，diverse stakeholders across organizational boundaries：*Organization Studies*. 2019；42(1)：61‐83. Available from：https：//doi. org/10. 1177/0170840619868268.

92. Kusters C，Batjes K，Wigboldus S，Brouwers J and Baguma SD. *Managing for Sustainable Development Impact*. Wageningen：Wageningen Centre for Development

Innovation, Wageningen University and Research; 2017. Available from: https://www. researchgate. net/publication/346923480_Managing_for_Sustainable_Development_ Impact.

93. Ansell C and Gash A. Collaborative governance in theory and practice. *Journal of Public Administration Research and Theory*. 2008; 18(4): 543 – 571. Available from: www. jstor. org/stable/25096384.

94. Neeff T, von Lupke H and Hovani L. *Cross – Sector Collaboration to Tackle Tropical Deforestation. Diagnosing Backbone Support in Jurisdictional Programs*. Arlington: The Nature Conservancy; 2018. Available from: www. nature. org/content/dam/tnc/ nature/en/documents/TNC_Jurisdictional_TackleTropicalDeforestation_2018. pdf.

95. WWF. *Stakeholder Collaboration: Building Bridges for Conservation*. Gland; 2000. Available from: wwf. panda. org/wwf _ news/? 4263/Stakeholder – Collaboration – Building – Bridges – for – Conservation.

96. Eckert R. Where leadership starts. *Harvard Business Review*. 2001; November: 53 – 59. Available from: https://store. hbr. org/product/where – leadership – starts/R0110B.

97. Fletcher J. *Disappearing Acts: Gender, Power and Relational Practice at Work*. Cambridge: MIT Press; 2001. Available at: https://www. researchgate. net/publication/ 23573523_ Disappearing_Acts_Gender_Power_and_Relational_Practice_at_Work.

98. Huxham C and Vangen S. Leadership in the shaping and implementation of collaboration agendas: How things happen in a(not quite)joined – up world. *Academy of Management Journal*. 2000; 43 (6): 1159 – 1175. Available from: https://www. jstor. org/ stable/1556343.

99. The Partnering Initiative. *Anticipating, Managing and Mitigating Power Imbalances*. Oxford; 2018. Available from: www. thepartneringinitiative. org/wp – content/uploads/ 2018/12/Managing – power – imbalances. pdf.

100. International Fund for Agricultural Development. *Rural Development Report 2021: Transforming Food Systems for Rural Prosperity*. Rome; 2021. Available from: www. ifad. org/documents/38714170/43704363/rdr2021. pdf.

101. Larson AM and Sarmiento Barletti JP. Designing for engagement: Insights for more equitable and resilient multi – stakeholder forums. *CIFOR Infobriefs*. 2020; 280: 8. Available from: https://doi. org/10. 17528/cifor/007593.

102. Brouwer H, Groot – Kormelinck A and van Vugt S. *Tools for Analysing Power in Multi – stakeholder Processes – A Menu*. Wageningen: Wageningen University and Research; 2012. Available from: https://increase. med – ina. org/static/assets/ uploads/share/Step5 – tools/CDI – Tools – for – Analysing – Power – 2012. pdf.

103. Gray B and Purdy J. Conflict in multi – stakeholder partnerships. In: *Collaborating for Our Future: Multi – stakeholder Partnerships for Solving Complex Problems* (Vol.

1). Oxford：Oxford University Press；2018. Available from：https：//doi. org/10. 1093/OSO/9780198782841. 003. 0006.

104. Guijt J, WigboldusS, Brouwer H, Roosendaal L, Kelly S and Garcia - Campos P. *National Processes Shaping Efforts to Transform Food Systems：Lessons from Costa Rica, Ireland and Rwanda*. Rome：Food and Agriculture Organization of the United Nations；2021. Available from：https：//doi. org/10. 4060/cb6149en.

105. Food and Agriculture Organization of the United Nations. Monitoring and evaluation for learning and performance improvement；2022. Available from：www. fao. org/investment - learning - platform/themes - and - tasks/monitoring - and - evaluation.

106. Kania J and Kramer M. Collective impact. *Stanford Social Innovation Review*. 2011；67. Available from：https：//senate. humboldt. edu/sites/default/files/senate/Chair Written Report 1 - 23 - 2018. pdf.

107. Deutsch(2000), cited in Gray B and Purdy J. Designing multistakeholder partnerships. In：*Collaborating for Our Future：Multi - stakeholder Partnerships for Solving Complex Problems* (Vol. 1). Oxford：Oxford University Press；2018. Available from：https：//doi. org/10. 1093/OSO/9780198782841. 003. 0005.

108. Wilbers J and de Zeeuw H. A critical review of recent policy documents on urban agriculture. *Urban Agriculture Magazine*. 2006；3 - 9. Available from：www. alnap. org/help - library/a - critical - review - of - recent - policy - documents - on - urban - agriculture.

109. Gass R. *Visioning Toolkit ♯ 1：What Is Visioning?* Art of Transformational Consulting；2013. Available from：https：//atctools. org/wp - content/uploads/toolkit - files/vt1 - what - is - visioning. pdf.

110. Gass R. *Visioning Toolkit ♯ 2：Best Practices*. Art of Transformational Consulting；2013. Available from：https：//atctools. org/wp - content/uploads/toolkit - files/vt2 - best - practices. pdf.

111. Ayala - Orozco B, Rosell JA, Merçon J, Bueno I, Alatorre - Frenk G, Langle - Flores A et al. Challenges and strategies in place - based multi - stakeholder collaboration for sustainability：Learning from experiences in the Global South. *Sustainability*. 2018；10 (9)：1 - 22. Available from：https：//doi. org/10. 3390/SU10093217.

112. Thorpe J, Guijt J, Sprenger T and Stibbe D. *Multi Stakeholder Platforms as System Change Agents. A Guide for Assessing Effectiveness*. Wageningen：Wageningen University and Research；2021. Available from：https：//library. wur. nl/WebQuery/wurpubs/fulltext/548294.

113. Thorpe J and Guijt J. *Deep Dive Farm to Market Alliance (FtMA)*. Wageningen：Wageningen University and Research；2018. Available from：https：//edepot. wur. nl/541806.

114. Farm to Market Alliance. Making markets work better for farmers; 2022. Available from: https://ftma.org[Accessed 24 May 2022].

115. Greater London Authority. *The London Food Strategy – Healthy and Sustainable Food for London*. London; 2018. Available from: www.london.gov.uk/sites/default/files/final_london_food_strategy.pdf.

116. Dubbeling M and De Zeeuw H. *Multi – stakeholder Policy Formulation and Action Planning for Sustainable Urban Agriculture Development*. Leuden: RUAF Foundation; 2007. Available from: https://ruaf.org/document/multi – stakeholder – policy – formulation – and – action – planning – for – sustainable – urban – agriculture – development.

117. United Nations Development Programme. *From Commitment to Action (FC2A): National Roadmaps for Deforestation – free Commodity Commitments in Colombia, Peru and Ecuador*. New York; 2023. Available from: www.undp.org/facs/commitment – action.

118. Mausch K, Hall A and Hambloch C. Colliding paradigms and trade – offs: Agri – food systems and value chain interventions. *Global Food Security*. 2020; 26: 100439. Available from: https://doi.org/10.1016/J.GFS.2020.100439.

119. Nogales M – T. Fundación Alternativas. Personal communication; 2022.

120. Estrella M, Blauert J, Campilan D, Gaventa J, Gonsalves J, Guijt I et al. *Learning from Change: Issues and Experiences in Participatory Monitoring and Evaluation*. London: Intermediate Technology Publications; 2000. Available from: https://edepot.wur.nl/81366.

121. Kusters C, GuijtJ, Peters B and Brouwer H. *Conference Report. Partnering for Success*. Wageningen: Wageningen Centre for Development Innovation, Wageningen University and Research; 2016. Available from: https://edepot.wur.nl/393255.

122. Organisation for Economic Co – operation and Development. *Applying Evaluation Criteria Thoughtfully*. Paris; 2021. Available from: https://doi.org/10.1787/543E84ED – EN.

123. Kusters C, Hove H, Bosch D, Herens M and Wigboldus S. *Conference Report: Monitoring and Evaluation for Inclusive and Sustainable Food Systems*. Wageningen: Wageningen Centre for Development Innovation, Wageningen University and Research; 2019. Available from: https://doi.org/10.18174/506604.

124. Bamberger M, Vaessen J and Raimondo E. *Dealing with Complexity in Development Evaluation: A Practical Approach*. Thousand Oaks: SAGE Publications, Inc.; 2016. Available from: https://doi.org/10.4135/9781483399935.

125. Espinosa – Alzate RD. Monitoring and evaluating local development through community participation: The experience of the Association of Indigenous Cabildos of Northern

Cauca，Colombia. In Estrella M et al. ，*Learning from Change：Issues and Experiences in Participatory Monitoring and Evaluation*. London：Intermediate Technology Publications；2000. Available from：https：//edepot. wur. nl/81366.

126. Association of Indigenous Councils of Northern Cauca. Territorio Autónomo；2022. Available from：https：//nasaacin. org[Accessed 8 May 2022].

127. Pattberg P and Widerberg O. *Transnational Multi－Stakeholder Partnerships for Sustainable Development. Building Blocks for Success*. IVM Report，R－14/31. Amsterdam：Institute for Environmental Studies；2014. Available from https：//www. researchgate. net/publication/ 281 268 765_Multistakeholder_Partnerships_Building－Blocs_for_Success.

128. Johns Hopkins Center for a Livable Future. *Funding Food Policy Councils：Stories from the Field*. Baltimore；2015. Available from：https：//assets. jhsph. edu/clf/mod_clfResource/doc/FundingFPCsStoriesfromtheField_6－12－15. pdf.

129. Golzynski D. How to establish a Food Policy Council. Michigan Department of Community Health n. d. Available from：https：//sustainablect. org/fileadmin/media/ Content/For_resources/Public_Services/1. How_to_Establish_a_FPC. pdf.

130. Brouwer H，Guijt J，Kelly S and Garcia－Campos P. *Ireland's Journey Towards Sustainable Food Systems：The Processes and Practices That Made a Difference*. Rome：Food and Agriculture Organization of the United Nations；2021. Available from：https：//doi. org/10. 4060/cb5996en.

131. McGeown C. Citizens' assemblies won't save us. *Green European Journal*. 26 May；2021. Available from：www. greeneuropeanjournal. eu/citizens－assemblies－wont－save－us.

132. Organic Denmark. Corporate website；2022. Available from：www. organicdenmark. com [Accessed 25 May 2022].

133. United Nations Development Programme. *Guidance Notes*. New York；unpublished.

134. United Nations Development Programme. *Value Beyond Value Chains：How Collaboration Between Private Sector and Governments Can Enhance Sustainable Commodity Production*. New York；2022. Available from：www. undp. org/facs/publications/value－beyond－value－chains－case－study－collection－private－sector－companies－engaging－beyond－their－own－value－chains.

135. Zimmermann A and Maennling C. *Multi－stakeholder Management：Tools for Stakeholder Analysis：10 Building Blocks for Designing Participatory Systems of Cooperation*. Eschborn：Deutsche Gesellschaft für Technische Zusammenarbeit(GTZ) Gmbh；2007. Available from：www. fsnnetwork. org/sites/default/files/en－svmp－instrumente－akteuersanalyse. pdf.

136. FIT4FOOD2030 Knowledge Hub；2022. Available from：https：//knowledgehub. fit4food2030. eu/tools－for－transformation.

137. Retolaza I et al. *Facilitating Multi‑stakeholder Processes*：*A Toolkit*. Leuven：Rikolto；2022. Available from：www. rikolto. org/en/news/facilitating‑multi‑stakeholder‑processes‑toolkit.

138. David‑Benz H，Sirdey N，Deshons A，Orbell C and Herlant P. *Catalysing the Sustainable and Inclusive Transformation of Food Systems*：*Conceptual Framework and Method for National and Territorial Assessments*. Rome：Food and Agriculture Organization of the United Nations；2022. Available from：www. fao. org/3/cb8603en/cb8603en. pdf.

139. Food and Agriculture Organization of the United Nations. *Rapid Urban Food System Appraisal Tool*（*RUFSAT*）. Rome；n. d. Available from：www. fao. org/urban‑food‑agenda/fmm/urban‑food‑systems‑analysis/en.

140. Raza A，Jaacks L，Ganpule‑Rao A，Pandey H and Shereen A. *Urban Food System Assessments for Nutrition and Healthy Diets*：*Technical Guidance Note*. Rome：Food and Agriculture Organization of the United Nations；2022. Available from：www. fao. org/3/cb8612en/cb8612en. pdf.

141. Milan Urban Food Policy Pact，Food and Agriculture Organization of the United Nations and RUAF. *The Milan Urban Food Policy Pact*（*MUFPP*）*Monitoring Framework*：*A Practical Handbook for Implementation*. Rome；2019. Available from：www. fao. org/3/cb4181en/cb4181en. pdf.

142. Food System Transformative Integrated Policy. *A Comprehensive Food Systems Diagnostic Approach to Inform Policymaking Toward Sustainable Healthy Diets for All*. FS‑TIP Brief ♯1；2021. Available from：www. mamopanel. org/media/uploads/files/FS‑TIP_Brief1. pdf.

143. United Nations Development Programme. *Cultivating Inner Capacities for Regenerative Food Systems*. New York；2022. Available from：www. undp. org/facs/publications/cultivating‑inner‑capacities‑regenerative‑food‑systems.

144. University of California San Francisco. Office of Diversity and Outreach. Unconscious Bias Training；n. d. Available from：https：//diversity. ucsf. edu/programs‑resources/training/unconscious‑bias‑training.

145. Dreier L，Nabarro D and Nelson J. *Systems Leadership for Sustainable Development*：*Strategies for Achieving Systemic Change*. Cambridge：Harvard Kennedy School Corporate Responsibility Initiative；2019. Available from：www. hks. harvard. edu/sites/default/files/centers/mrcbg/files/Systems％20Leadership. pdf.

146. United Nations Development Programme. *Changing Food Systems*：*What Systems Thinking Means for Designing and Implementing International Development Programmes to Catalyse Change in Food and Agricultural Systems*. New York；2022. Available from：www. undp. org/sites/g/files/zskgke326/files/2022‑09/Food％

20Systems％20Co‐inquiry％20Cycle％202％20report％5B86％5D. pdf.

147. Schmitz P. 10 dangers to collective impact. *Stanford Social Innovation Review*. 2021；6 December. Available from：https：//ssir. org/articles/entry/10_dangers_to_collective_ impact.

148. The Partnering Initiative. The Fit for Partnering Framework；2014. Available from： https：//intersector. com/resource/fit‐partnering‐framework.

149. International Fund for Agricultural Development. *A Field Practitioners Guide： Institutional and Organizational Analysis and Capacity Strengthening*. Rome；2014. Available from：www. ifad. org/documents/38 714 170/39 144 386/A＋field＋ practitioner％27s＋guide＋‐＋Institutional＋and＋organizational＋analysis＋and＋ capacity＋strengthening. pdf.

150. United Nations Development Programme. *Capacity Development： A UNDP Primer*. New York；2015. Available from：www. undp. org/publications/capacity‐development‐ undp‐primer.

151. Food and Agriculture Organization of the United Nations. *Sustainable Food Systems： Concept and Framework Course*. FAO eLearning Academy. Rome；2021. Available from：https：//elearning. fao. org/course/view. php？id＝738.

152. Wageningen Centre for Development Innovation. *Food Systems E‐Course： 2022*. Wageningen；2022. Available from：www. nlfoodpartnership. com/events/Food_Systems_ Transformation_e‐course_2022.

153. Harvard Management Update. Building blocks of strategy. *Harvard Business Review*； 2008. Available from：https：//hbr. org/2008/02/the‐building‐blocks‐of‐strateg.

154. Hambrick DC and Fredrickson JW. The Strategy Diamond. Oregon State University； 2001. Available from：https：//open. oregonstate. education/strategicmanagement/ chapter/6‐the‐strategy‐diamond.

155. Lafley AG and Martin RL. Playing to win：How strategy really works. *Harvard Business Review Press*；2013. Available from：https：//www. hbsp. harvard. edu/ product/7 124BC‐PDF‐ENG.

156. Wageningen University and Research. SWOT Analysis；2022. Available from：www. mspguide. org/tool/swot‐analysis.

157. Hivos. *Theory of Change Thinking in Practice： A Stepwise Approach*. The Hague； 2015. Available from：https：//hivos. org/assets/2020/10/hivos_toc_guidelines. pdf.

158. Wageningen University and Research. Theory of Change guides；2022. Available from： www. wageningenportals. nl/wcdi/term/practice/theory‐change.

159. Killing P，Malnight T and KeysT. *Must‐Win Battles： How to Win Them，Again and Again*. London：Pearson Education；2006. Available from：https：//ptgmedia. pearsoncmg. com/images/9780132459587/samplepages/0132459582. pdf.

160. Lidow D. A better way to set strategic priorities. *Harvard Business Review*. 2017；13 February. Available from：https：//hbr. org/2017/02/a‐better‐way‐to‐set‐strategic‐priorities.

161. Millennium Institute. Integrated Sustainable Development Goals（iSDG）Model；n. d. Available from：www. millennium‐institute. org/isdg.

162. Dierdorff EC. Time management is about more than life hacks. *Harvard Business Review*. 2020；29 January. Available from：https：//hbr. org/2020/01/time‐management‐is‐about‐more‐than‐life‐hacks.

163. United Nations Development Programme. *Collaborative Action Mechanisms for Forest Positive Agricultural Commodities*. New York；2021. Available from：www. undp. org/sites/g/files/zskgke326/files/2022‐07/Collaborative％20Action％20Mechanisms％20GGP％20Impact％20Brief. pdf.

164. Guijt J. *Enhancing the Effectiveness of Multi‐Stakeholder Platforms*. Wageningen：Wageningen University and Research；2020. Available from：https：//library. wur. nl/WebQuery/wurpubs/fulltext/536476.

165. Calancie L，Allen NE，Weiner BJ，Ng SW，Ward DS and Ammerman A. The Food Policy Council Self‐Assessment Tool：Development，Testing，and Results. *Preventing Chronic Disease*. 2017；14：160281. Available from：www. cdc. gov/pcd/issues/2017/16_0281. htm.

166. Palmer A and Calancie L. *Get It Toolgether：Food Policy Capacity Assessment Toolkit*. Baltimore：FoodPolicyNetworks. org and Johns Hopkins Center for a Livable Future；2017. Available from：www. foodpolicynetworks. org/_pdf/FPN_Toolkit_05_31_17. pdf.

167. Sarmiento Barletti JP，Larson AM，Cisneros N，Heise N，Liswanti N，Mariño H et al. *How Are We Doing？A Tool to Reflect on the Process，Progress，and Priorities of Your Multi‐stakeholder Forum*. Bogor：Center for International Forestry Research；2020. Available from：www. cifor. org/knowledge/publication/7796.

168. U. S. Centers for Disease Control and Prevention. A Framework for Program Evaluation；1999. Available from：www. cdc. gov/evaluation/framework.

169. Better Evaluation. Choose methods and processes；n. d. Available from：www. betterevaluation. org/getting‐started/choose‐methods‐processes.

170. Fanzo J，Haddad L，Schneider KR，Béné C，Covic NM，Guarin A et al. Viewpoint：Rigorous monitoring is necessary to guide food system transformation in the countdown to the 2030 global goals. *Food Policy*. 2021；104：102163. Available from：https：//doi. org/10. 1016/j. foodpol. 2021. 102163.

171. United Nations Development Programme. *Handbook on Planning，Monitoring and Evaluating for Development Results*. New York；2009. Available from：http：//web.

undp. org/evaluation/handbook/documents/english/pme – handbook. pdf.

172. United Nations Development Assistance Framework. *UNDAF Companion Guidance*：*Monitoring and Evaluation*. New York；2017. Available from：https：//unsdg. un. org/resources/monitoring – and – evaluation – undaf – companion – guidance.

173. Gordijn F with Eernstman N，Helder J and Brouwer H. *Reflection Methods*：*Practical Guide for Trainers and Facilitators*. Wageningen：Wageningen University and Research；2018. Available from：https：//edepot. wur. nl/439461.

174. Burgan M and Winne M. *Doing Food Policy Councils Right*：*A Guide to Development and Action*. Santa Fe：Mark Winne Associates；2012. Available from：www. markwinne. com/wp –content/uploads/2012/09/FPC – manual. pdf.

175. Pedersen L. *Practice Guidance*：*Building Long Term Sustainability in Multi – Stakeholder Platforms*. New York：United Nations Development Programme；2021. Available from：www. evidensia. eco/resources/1220/building – long – term – sustainability – in – multi – stakeholder – platforms – making – your – impact – last.

**图书在版编目（CIP）数据**

重新思考我们的粮食体系：多方利益相关者合作指南 / 联合国环境规划署，联合国粮食及农业组织，联合国开发计划署编著；宋雨星等译. -- 北京：中国农业出版社，2025. 6. --（FAO中文出版计划项目丛书）.

ISBN 978-7-109-33294-2

Ⅰ. F316.11

中国国家版本馆 CIP 数据核字第 2025XT7255 号

著作权合同登记号：图字 01 - 2024 - 6393 号

**重新思考我们的粮食体系：多方利益相关者合作指南**
CHONGXIN SIKAO WOMEN DE LIANGSHI TIXI：DUOFANG LIYI XIANGGUANZHE
HEZUO ZHINAN

中国农业出版社出版

地址：北京市朝阳区麦子店街 18 号楼
邮编：100125
责任编辑：王秀田
版式设计：王　晨　　责任校对：吴丽婷
印刷：北京通州皇家印刷厂
版次：2025 年 6 月第 1 版
印次：2025 年 6 月北京第 1 次印刷
发行：新华书店北京发行所
开本：700mm×1000mm　1/16
印张：7.5
字数：142 千字
定价：78.00 元